课本里的

地理常识

刘伊思梦
编著

延吉·延邊大學出版社

图书在版编目（CIP）数据

课本里的地理常识 / 刘伊思梦编著 . -- 延吉：延边大学出版社，2024. 9. -- ISBN 978-7-230-07156-7

Ⅰ . G634.553

中国国家版本馆 CIP 数据核字第 20240DZ747 号

课本里的地理常识

KEBENLI DE DILI CHANGSHI

编　　著：刘伊思梦

责任编辑：段军伟

出版发行：延边大学出版社

社　　址：吉林省延吉市公园路 977 号

电　　话：0433-2732435

网　　址：http://www.ydcbs.com

印　　刷：咸宁山河文化发展有限公司

开　　本：787mm ×1092mm　　1/16

印　　张：7.5

字　　数：40 千字

版　　次：2024 年 9 月第 1 版

印　　次：2024 年 9 月第 1 次印刷

书　　号：ISBN 978-7-230-07156-7

定　　价：59.80 元

contents 目录

第一单元
世界地理（一）
世界的地形

1. 地球的形状和大小

（1）人类认识地球的过程

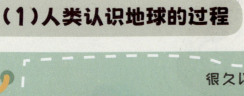

很久以前，人们没有交通工具，每天只能在居住地附近活动，凭借直观的观察，认为"天是圆的，地是方的"。古希腊学者亚里士多德根据他观测的月食现象，提出地球应该是个球体。

一千多年后，葡萄牙的探险家、航海家麦哲伦，率领船员们完成了人类历史上第一次环球航行，从而证实了地球的确是个球体。随着科学技术的进步，今天我们可以通过卫星拍摄的地球照片自信地说出地球是一个球体！而且，根据卫星测算的数据，我们还发现地球的形状并不规则。

（2）地球的大小

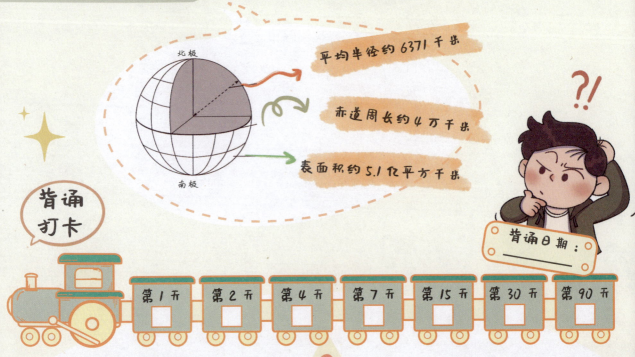

北极

南极

平均半径约6371千米

赤道周长约4万千米

表面积约5.1亿平方千米

?!

背诵打卡

背诵日期：_____

第1天	第2天	第4天	第7天	第15天	第30天	第90天
□	□	□	□	□	□	□

2. 地球的模型——地球仪

为了方便研究地球，人类模仿地球的形状，按照一定的比例缩小后，制作了地球的模型——地球仪。

地球仪一般由底座、支架、旋转轴和球体四个部分组成。

地轴： 为了方便研究地球转动而假想的旋转轴，真实的地球里并不存在哟！

经线： 连接南、北极点的半圆形弧线。

北极： 地轴北端与地球表面的交点，地球上的最北点。

赤道： 与南北极点的距离相等、与地轴垂直，还能平分地球的大圆。

南极： 地轴南端与地球表面的交点，地球上的最南点。

纬线： 垂直于地轴，平行于赤道的圆圈。

背诵打卡

第1天	第2天	第4天	第7天	第15天	第30天	第90天
□	□	□	□	□	□	□

背诵日期：_____

3

3. 经纬线

仔细观察地球仪会发现：地球仪的表面有很多大小不同的网格，这些网格正是由经线和纬线构成的。

在地球仪的中间有一条能够平分地球的圆圈，它就是赤道。在地球仪上与赤道平行的圆圈，我们都称为纬线。而与赤道相互垂直，又连接南、北两个极点的是经线。

	纬线	经线
图示	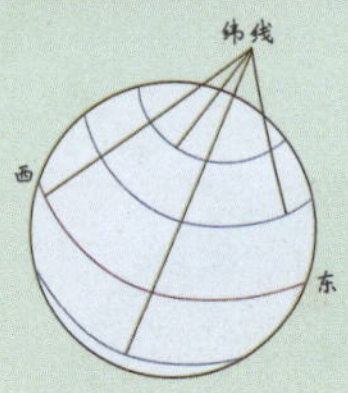纬线 西 东	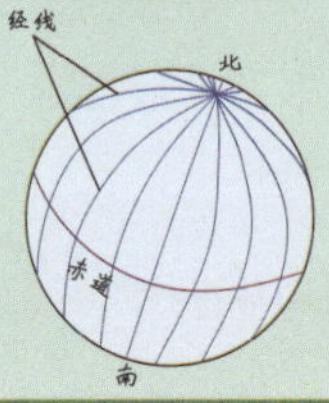经线 北 赤道 南
定义	所有与赤道平行的圆圈	连接南北两极并垂直于纬线，也叫子午线
形状	圆（除南、北极点外）	半圆
长度	由赤道（最长）向两极逐渐变短	长度相等
相互关系	相互平行（除南、北极点外）	都相交于南、北极点
指示方向	指示东西方向	指示南北方向
间隔	任意两条相邻纬线的间隔都相等	任意两条相邻经线的间隔在赤道上最大，向两极递减
特殊经纬线	0°纬线即赤道（南北半球的分界线，可平分地球）	0°经线即本初子午线（通过英国格林尼治天文台旧址，是东西经度的分界线）

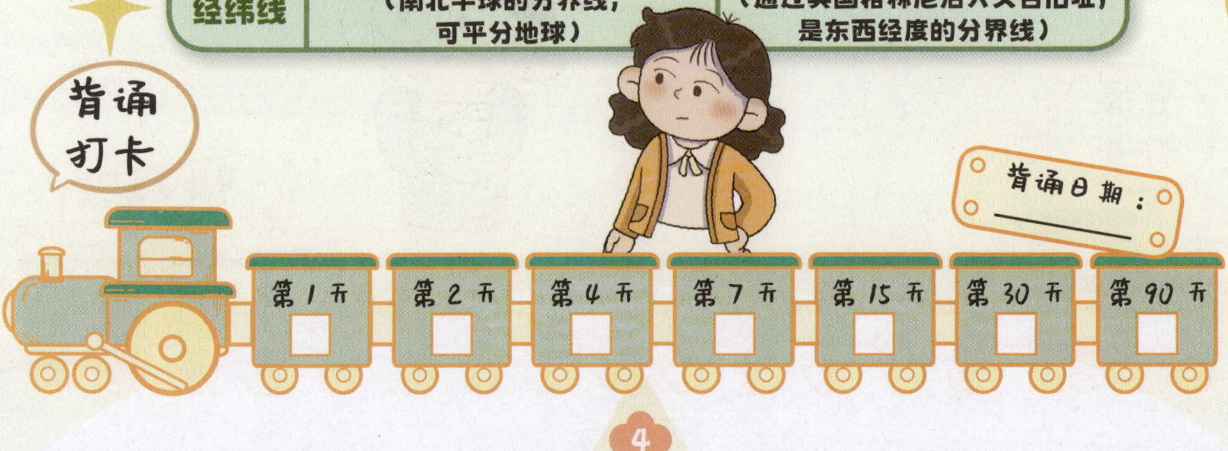
背诵打卡
背诵日期：
第1天
第2天
第4天
第7天
第15天
第30天
第90天

在地球仪上与赤道平行的是纬线；与赤道相互垂直，又连接南、北两个极点的是经线。我们按照这样的规律，可以在地球仪上画出无数条纬线和经线，真的是画一辈子也画不完呢！为了区分这些纬线和经线，我们又划分了纬度和经度。

	纬度	经度
标注起点	赤道（0°纬线）	本初子午线（0°经线）
图示	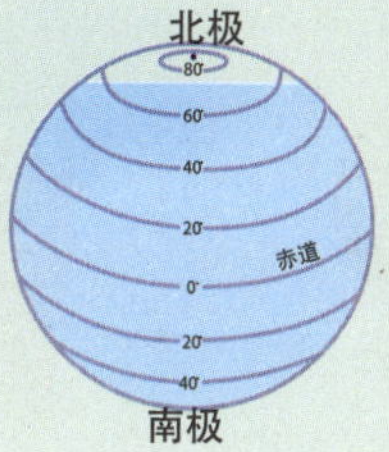	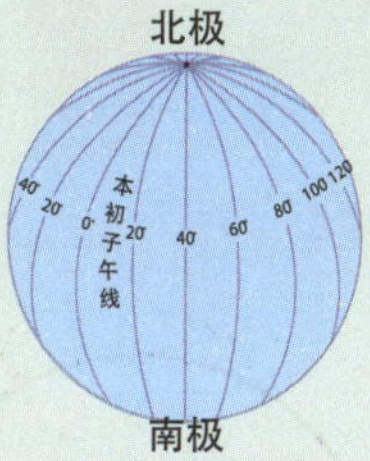
度数划分	向南、北各分作90°	向东、西各分作180°
表示方法	北纬用字母"N"表示；南纬用字母"S"表示。	东经用字母"E"表示；西经用字母"W"表示。
区域划分	0°~30°为低纬度地区 30°~60°为中纬度地区 60°~90°为高纬度地区	以0°和180°经线圈分为东经、西经范围
半球划分	赤道为南、北半球分界线	20°W和160°E经组成的经线圈为东、西半球的分界线

背诵打卡

背诵日期：

第1天　第2天　第4天　第7天　第15天　第30天　第90天

5. 地球的运动

(1) 自转与公转

地球运动过程中，一般有自转和公转两种形式。

对比地球的自转与公转：

❶ 地球自转：地球绕地轴自西向东的转动，从北极点上空看呈逆时针旋转，从南极点上空看呈顺时针旋转。

❷ 地球公转：指地球按一定轨道围绕太阳转动。

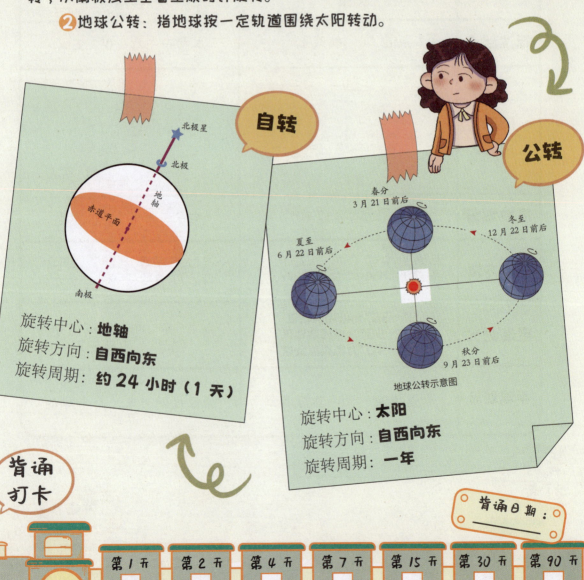

自转

旋转中心：**地轴**
旋转方向：**自西向东**
旋转周期：**约 24 小时（1 天）**

公转

地球公转示意图

旋转中心：**太阳**
旋转方向：**自西向东**
旋转周期：**一年**

春分 3月21日前后
冬至 12月22日前后
夏至 6月22日前后
秋分 9月23日前后

背诵打卡

背诵日期：_____

第1天　第2天　第4天　第7天　第15天　第30天　第90天

6

（2）地球自转产生的现象

①**昼夜交替：**由于地球是个不透明的球体，太阳只能照亮地球的一半，这样，地球上就有了昼夜之分。地球上每天昼夜的交替，太阳的东升西落都是因地球自转产生的。

②**时间差异：**随着地球不停地自西向东自转，不同地方的人们看到日出的时间有所不同。两个城市位于不同的经线时，时间是不一样的。例如，在世界杯举办期间，球迷在德国和在中国观看同一场比赛的时间是不一样的。

（3）地球公转产生的现象

包括四季变化、太阳直射点的变化和昼夜长短的变化等。
具体可以参照表格内容。（以北半球为例）

节气	日期	太阳直射点	北半球昼夜长短
春分	3月21日前后	赤道	昼夜相等
夏至	6月22日前后	北回归线	昼长夜短，且是一年中昼最长夜最短的时候
秋分	9月23日前后	赤道	昼夜相等
冬至	12月22日前后	南回归线	昼短夜长，且是一年中昼最短夜最长的时候

背诵打卡

背诵日期：

第1天　第2天　第4天　第7天　第15天　第30天　第90天

6.地图的阅读

> 地图的基本要素包括方向、比例尺、图例和注记，这些又被称为"地图的语言"。

（1）方向

①通常按照"上北下南，左西右东"的原则表示方向。

②在有指向标的地图上，用指向标表示方向。指向标指向一般为正北。

③在经纬网地图上，应根据经纬线确定方向。

（2）比例尺

①概念：指图上距离与实际距离的比，用来表示图上距离比实地距离缩小的程度，公式为：比例尺＝图上距离／实地距离。

如：下图的比例尺含义为图上1厘米表示实际150千米（15000000厘米）

1 ⊢———⊣ 150 千米

1 : 15000000

②比例尺大小的比较：图幅相同的两幅地图中，比例尺大的地图，范围反而小，但内容详细；比例尺小的地图，范围大，内容更简略。

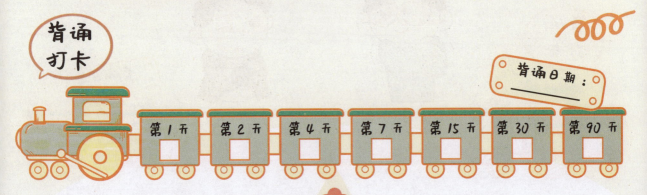

背诵打卡

背诵日期：＿＿＿＿＿

第1天　第2天　第4天　第7天　第15天　第30天　第90天

⊙	首都	·—·—·	省、自治区、直辖市界	- - -	季节河、湖
◎	省级行政中心	— — —	地区界	←	水库
○	一般城镇	▬▬	铁路	∞	等高线
⊶⊶⊶	洲界	═══	高速公路	▲	山峰
·—·—I	国界	⊓⊔⊓	长城	✕	山口
I I I	未定国界	⊔⊔⊔	运河	⣿	沙漠
∿	河流、湖泊	≈≈≈	沼泽		

在地图上用来表示地理事物的符号是图例，地图上用文字、数字等来说明国家、城市、山脉、河流的名称以及陆高、水深等事项，这些文字和数字叫做注记。

背诵打卡

背诵日期：_____

| 第1天 | 第2天 | 第4天 | 第7天 | 第15天 | 第30天 | 第90天 |

7. 等高线地形图

（1）概念

将海拔高度相同的各点连接成的线，被称为等高线。同理，将相同深度的点连接成线，即为等深线。用等高线表示地形的地图，为等高线地形图。

（2）等高线的特点

1 等高线上标注的数值都是海拔高度。数值越高，该地的海拔越高。

2 同一条等高线上各点的海拔高度相同。

3 相邻两条等高线之间的海拔差就是等高距。

4 地图中等高线越密集，坡度越陡。

背诵打卡

第1天　第2天　第4天　第7天　第15天　第30天　第90天

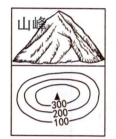  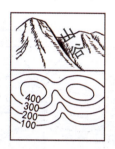  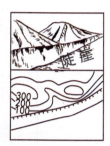

山峰	山脊	山谷	鞍部	陡崖
中间高，四周低 等高线呈闭合状态	中部高，两边低 等高线向低处凸出	两边高，中间低 等高线向高处凸出	两个山峰 之间的低地	多条等高线 重叠在一起

拓展

绝对高度和相对高度

绝对高度，是指高出平均海平面（又叫大地水准面）的垂直高度，也叫"海拔"，海拔可以为负数。海拔的起点叫海拔零点或水准零点，是某一滨海地点的平均海水面。

相对高度是指两个地点的绝对高度（也叫海拔）之差，相对高度的起点是不固定的。

我国各地面点的海拔，都指由黄海平均海平面起算的高度。

背诵打卡

背诵日期：

 第1天　第2天　第4天　第7天　第15天　第30天　第90天

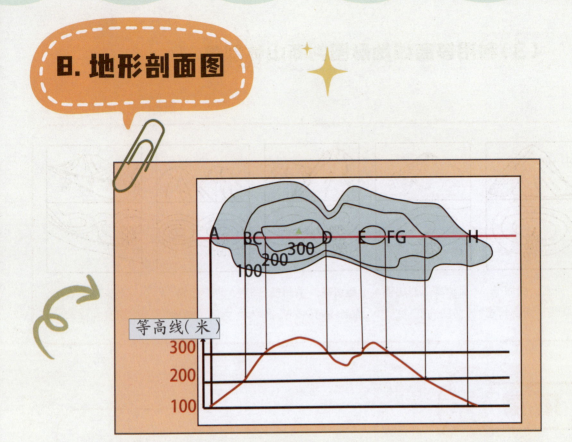

以等高线地形图为基础转绘成的。它是沿等高线地形图某条直线下切而显露出来的地形垂直剖面。地形剖面图可以更直观地表示地面上沿某一方向地势的起伏和坡度的陡缓。

背诵打卡

背诵日期：

第1天	第2天	第4天	第7天	第15天	第30天	第90天

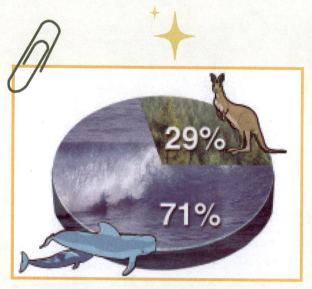

苏联宇航员加加林在太空飞行时，曾发出"地球看上去更像个水球"的感叹。地球上海洋和陆地究竟是如何分布的呢？

1

海陆比例：地球表面陆地面积约占 29%，海洋面积约占 71%。概括地说，地球上"七分"海洋，"三分"陆地。

2

陆地在北半球占北半球总面积的 2/5；在南半球陆地面积只占 1/5。

3

除南极大陆外，所有大陆还南北成对分布：北美大陆与南美大陆、欧洲大陆与非洲大陆、亚洲大陆和澳大利亚大陆。

4

世界海陆分布很不均匀，陆地主要集中在北半球、东半球，海洋大多分布在南半球、西半球。

5

各大陆形状都是北宽南窄，略呈倒三角形。

背诵打卡

第1天	第2天	第4天	第7天	第15天	第30天	第90天
□	□	□	□	□	□	□

背诵日期：

人类探索地球面貌的历程

中国汉代使者张骞出使西域，开辟了著名的"丝绸之路"。

公元前2世纪

意大利商人马可·波罗来到中国，为亚欧的交往竖起了一块路标。

13世纪

中国明代航海家郑和七下西洋，足迹远及现在的东南亚、南亚、西亚和非洲东海岸，并且留下了著名的航海图。

15世纪初

意大利探险家哥伦布横渡大西洋到达美洲大陆，开辟了沟通美洲与欧洲的海上航路。

15世纪末

葡萄牙人麦哲伦率领的船队，首次完成了环绕地球航行一周的壮举。直到近代，人类才有了正确反映地球海陆面貌的世界地图。

16世纪

背诵打卡

第1天　第2天　第4天　第7天　第15天　第30天　第90天

背诵日期：
_____

10. 七大洲和四大洋

七大洲指地球陆地分成的七大陆地部分。亚洲（全称亚细亚洲）、欧洲（全称欧罗巴洲）、北美洲（全称北亚美利加洲）、南美洲（全称南亚美利加洲）、非洲（全称阿非利加洲）、大洋洲与南极洲。

（1）大洲的分布与概况

①七大洲面积从大到小排序：亚洲、非洲、北美洲、南美洲、南极洲、欧洲、大洋洲。

②七大洲的半球分布：

北半球	南半球	东半球	西半球
亚洲、非洲、欧洲、北美洲	南美洲、大洋洲、非洲、南极洲	欧洲、亚洲、非洲、大洋洲	北美洲、南美洲

（2）大洋的分布与概况

1 四大洋面积从大到小排序：太平洋、大西洋、印度洋、北冰洋。

2 北冰洋全部位于北半球；印度洋全部位于东半球。

背诵打卡

背诵日期：＿＿＿＿＿＿

第1天　第2天　第4天　第7天　第15天　第30天　第90天

15

11. 陆地地形

陆地表面的地形类型有山地、丘陵、高原、平原和盆地五种。

（1）五种地形类型及特征

地形	海拔范围	地表特点
平原	海拔在 200 米以下	宽广平坦
丘陵	海拔在 200—500 米之间	起伏较小
山地	海拔在 500 米以上	起伏很大，坡度陡峻
高地	海拔在 500 米以上	面积较大，外围较陡、内部起伏较为和缓
盆地		四周高，中间低

（2）陆地五种地形示意图

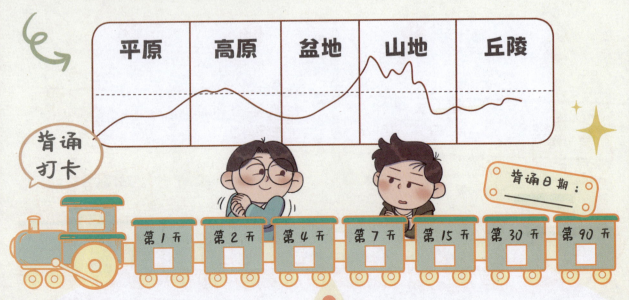

平原　高原　盆地　山地　丘陵

背诵打卡

背诵日期：

第1天　第2天　第4天　第7天　第15天　第30天　第90天

16

　　我国科学工作者在喜马拉雅山考察时，发现岩石中含有鱼、海螺、海藻等海洋生物的化石。另外在我国东部海域的海底，还发现了古河道、水井等人类活动的遗迹。这些都说明现今海洋和陆地的分布在过去都经历了变迁。一些面积狭小的沿海国家或地区，也用填海造陆的方式增加了土地面积。

　　这些都是海陆变迁的证据。"白衣苍狗多翻覆，沧海桑田几变更。"世事万物都不是一成不变哟！地壳的变动、海平面的升降以及人类活动等都能造成海陆变迁。

背诵打卡

背诵日期：＿＿＿＿＿＿

第1天	第2天	第4天	第7天	第15天	第30天	第90天

13. 海底地形

海岸　大陆架　大陆坡　海沟　洋盆　大洋中脊

大陆架

大陆向海洋延伸部分，坡度较缓，深度不超过 200 米。

大陆坡

大陆架向外倾斜的巨大陡坡，水深急剧增至数千米。

洋盆

海洋的主体部分，也是海洋底部最宽的部分，深度一般在 3000 米以上。

海沟

海底狭长洼地、深度大，一般超过 6000 米，是海洋底部最深的部分。

大洋中脊

又称为海岭，一般位于大洋中部，是大洋中新海底诞生的地方。

背诵打卡

背诵日期：＿＿＿＿＿

第1天　第2天　第4天　第7天　第15天　第30天　第90天

14. 大陆漂移说和板块构造学说

（1）大陆漂移说

1910 年的一天，德国科学家魏格纳躺在病床休养。百无聊赖的他发现在医院墙壁上的世界地图中，大西洋两岸的轮廓竟是如此对应。这难道只是个巧合吗？后来，他通过搜寻各种证据，提出了大陆漂移说。

❶ 内容： 大约在 2 亿年前，地球上只有一块大陆，大陆周围是一片海洋，后来分裂成许多块，并缓慢地漂移分离，逐渐形成了今天七大洲、四大洋的分布状况。

❷ 主要证据： 巴西东端的直角突出部分与非洲西岸呈直角凹进的几内亚湾非常吻合。

❸ 大陆漂移过程示意图：

2 亿年前　　　　6500万年前　　　　现在

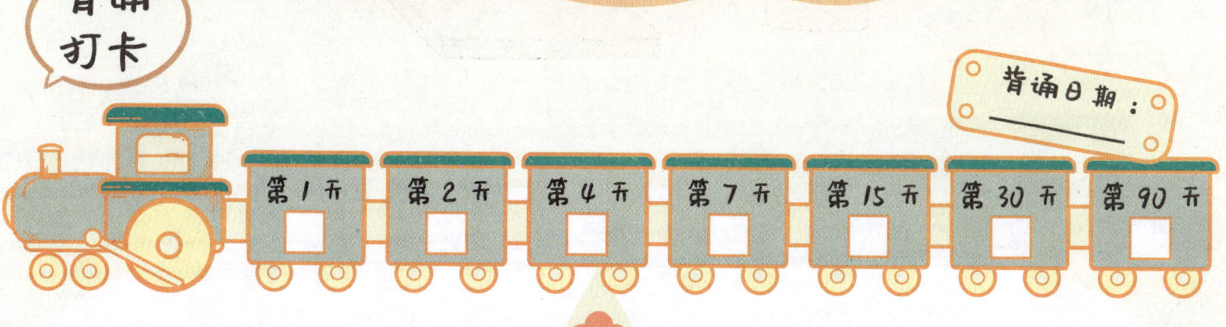

背诵打卡

背诵日期：

第1天　第2天　第4天　第7天　第15天　第30天　第90天

（2）板块构造学说

20世纪60年代，在大陆漂移学说的基础上，科学家们提出了新的假说——板块构造学说。

①**内容**：板块构造学说认为地球的岩石圈不是一块整体，是由六大板块以及若干小板块构成的。一般说来，板块内部的地壳比较稳定，板块与板块之间的交界处，是地壳比较活跃的地带。

世界上的火山和地震带，如环太平洋地带和地中海—喜马拉雅地带，也集中分布在地壳比较活跃的板块交界的地带。

②**板块特地**：地震几乎全部分布在板块的边界上，火山也特别多在边界附近。其他如张裂、岩浆上升、热流增高、大规模的水平错动等，也多发生在边界线上。

拓展

中国境内约有660座火山，绝大多数是死火山，主要分布在3个地带：

①环蒙古高原带。火山数目最多，如大同、五大连池火山群。

②青藏高原带。如云南腾冲火山群。

③环太平洋带。如长白山及台湾大屯火山群。

背诵打卡

背诵日期：

| 第1天 | 第2天 | 第4天 | 第7天 | 第15天 | 第30天 | 第90天 |

记忆卡片

1. 地球是一个不规则的球体，首次证明地球是个球体的历史事件是麦哲伦环球航行。

2. 地球仪是地球的模型，地轴是人们假想的轴，它与地球的交点分别是南、北极点。

3. 地球的2种运动形式为自转和公转，都是自西向东进行运动，自转的周期是一天（约24小时），公转的周期是一年（约365天）。

4. 太阳的东升西落、昼夜交替和时间差异都是由自转产生的，四季的更替与昼夜长短的变化则是由地球公转产生的。

5. 地图三要素包括：①比例尺，②方向，③图例和注记。

6. 等高线地形图中，相邻两条等高线的相对高度值称为等高距；等高线越密集，坡度越陡，反之，坡度越缓。

背诵打卡

背诵日期：＿＿＿＿＿

第1天	第2天	第4天	第7天	第15天	第30天	第90天

7.地球上的海陆比例是三分陆地，七分海洋。

8.七大洲按照面积大小排序依次是：亚洲、非洲、北美洲、南美洲、南极洲、欧洲、大洋洲。

9.四大洋按照面积大小排序依次是：太平洋、大西洋、印度洋、北冰洋。

10.陆地地形主要包括：山地、盆地、高原、平原、丘陵。

11.海底地形主要包括：大陆架、大陆坡、洋盆、海沟、大洋中脊。

12.海陆变迁的原因包括：地壳的变动、海平面的升降和人类活动等。

13.魏格纳提出的大陆漂移说认为，今天海陆状况的分布是由过去的原始大陆分裂、漂移，逐渐形成的。

14.板块构造学说将地球大致划分为六大板块和若干小板块，板块内部比较稳定，板块交界处比较活跃。

15.环太平洋火山地震带与地中海——喜马拉雅火山地震带是世界主要的火山地震带。

背诵打卡

背诵日期：

第1天	第2天	第4天	第7天	第15天	第30天	第90天

地球与地图

认识地球
- 地球的形状和大小
- 地球的模型——地球仪
- 地球的运动

阅读地图
- 地图三要素
- 地形图

了解地球表面
- 海陆的分布
- 海陆的变迁

背诵打卡

背诵日期：

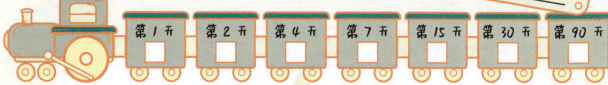

第1天	第2天	第4天	第7天	第15天	第30天	第90天
□	□	□	□	□	□	□

第二单元

世界地理（二）
世界的气候

我们每次出行前，都习惯查询当地的天气状况。那究竟什么是天气呢？它和气候又有什么区别？

❶ 天气是一个地区短时间里的大气状况，它是时刻在变化的。我们通常可以用"风和日丽""狂风暴雨"等词汇来形容天气的变化。

❷ 气候是一个地区长时间的天气平均状况，一般变化不大。常用与"年""季节"相关的词汇来形容气候。如：昆明四季如春、热带地区全年炎热等。

❸ 卫星云图：由气象卫星摄取的地球大气的图像。是进行天气分析和天气预报的重要依据。一般用绿色表示陆地，蓝色表示海洋，白色表示云区。

34 种天气现象：

▶ **降水现象：** 雨、阵雨、毛毛雨、雪、阵雪、雨夹雪、阵性雨加雪、霰、米雪、冰粒、冰雹；

▶ **水汽凝结(华)即冻结现象：** 雾、轻雾、露、霜、雾凇、冰针、结冰、雨凇；

▶ **大气尘粒现象：** 烟幕、霾、扬沙、浮尘、沙尘暴；

▶ **风的现象：** 大风、飑、龙卷、尘卷风；

▶ **雷、电、光现象：** 雷暴、闪电、极光；

▶ **其他现象：** 积雪、吹雪、雪暴。

背诵打卡

背诵日期：

| 第1天 | 第2天 | 第4天 | 第7天 | 第15天 | 第30天 | 第90天 |

常见的天气符号

符号	含义	符号	含义	符号	含义	符号	含义
☀	晴	⛅	多云	☁	阴	🌧	阵雨
⛈	雷阵雨	🌨	雨加雪	🌦	小雨	🌧	中雨
🌧	大雨	🌧	暴雨	🌧	大暴雨	🌧	特大暴雨
🌨	阵雪	🌨	小雪	🌨	中雪	🌨	大雪
🌨	暴雪	☰	雾	▲	冰雹	🌀	沙尘暴
🌧	小雨-中雨	🌧	中雨-大雨	🌧	大雨-暴雨	🌧	暴雨-大暴雨

背诵打卡

背诵日期：

第1天 ☐　第2天 ☐　第4天 ☐　第7天 ☐　第15天 ☐　第30天 ☐　第90天 ☐

2. 气温的变化

在观看天气预报时，我们关注最多的就是气温的变化。气温一般指的是大气的温度。气温的单位一般用℃表示，读作"摄氏度"。

1
气温是用放置在百叶箱中的温度计测得的。一般在北京时间2时、8时、14时、20时进行测量。

3
气温的年变化：一年中，北半球的陆地最高气温在7月，最低气温在1月。北半球的海洋最高气温在8月，最低气温在2月；南半球则相反。

2
气温的日变化：一天中，最高温度出现在午后2小时左右（14时）；最低温出现在日出前后。

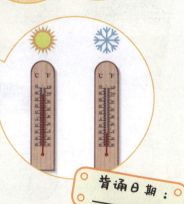

背诵打卡

背诵日期：_____

第1天	第2天	第4天	第7天	第15天	第30天	第90天

3. 气温的分布

(1)世界气温的分布规律

① 低纬度气温高，高纬度气温低（气温从低纬度向高纬度递减）。

② 同纬度地带，夏季陆地气温高，海洋气温低；冬季陆地气温低，海洋气温高。

③ 在山地，气温随着海拔升高而降低（海拔每升高100米，气温下降约0.6℃）。

(2)世界热极

一个地区的气候，是由太阳辐射、大气环流和地面状况等因素综合作用形成的。

伊拉克的巴士拉属于亚热带沙漠气候，7月极其炎热，平均高温均在40摄氏度以上。年平均气温为23度，极端高温出现在1921年7月8日，为58.8℃，被称为"世界热极"。

巴士拉市的平均气温常常会达到40℃以上，冬天的巴士拉，平均高温也有20℃。

背诵打卡

背诵日期：

第1天	第2天	第4天	第7天	第15天	第30天	第90天

降水通常指的是从大气中降落的雨、雪、冰雹等,其中,降雨是降水的主要形式。

(1)测量方法

降水是用雨量器测量的,单位是毫米。

(2)降水的季节变化

根据世界各地降水在各个月份的分配情况,一般将降水类型分为以下五种类型。

降水量/毫米   降水量/毫米

全年多雨　　夏季多雨冬季少雨　　全年湿润　　夏季少雨冬季多雨　　全年少雨

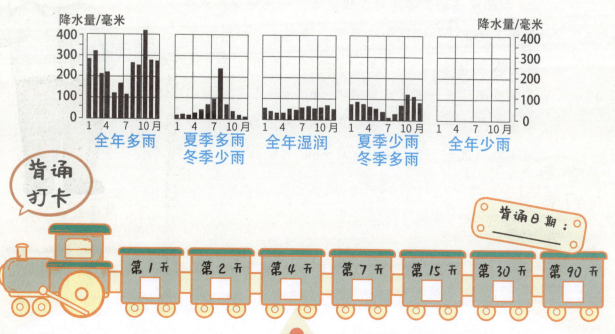

背诵打卡

背诵日期:

第1天　第2天　第4天　第7天　第15天　第30天　第90天

29

（3）降水的等级

级别	24小时降水量（mm）
小雨	<10.0
中雨	10.0 — 24.9
大雨	25.0 — 49.9
暴雨	50.0 — 99.9
大暴雨	100 — 249
特大暴雨	>250.0

5. 降水的分布

（1）世界年降水量分布的基本规律

❶ 赤道地区降水多，两极地区降水少；

❷ 南、北回归线附近，大陆东岸降水多，西岸降水少；

❸ 中纬度地带，沿海地区降水多，内陆地区降水少。

全年多雨区——赤道附近地带，降水多，如新加坡。

全年太少雨区——洪涝的沙漠地区，两极地区，如开罗。

夏季多雨区——南、北纬30°～40°大陆东岸，如北京。

冬季多雨区——南、北纬30°～40°大陆西岸，如罗马。

常年潮湿区——南、北纬40°～60°大陆西岸，如伦敦。

背诵打卡

背诵日期：_____

第1天	第2天	第4天	第7天	第15天	第30天	第90天

（2）"雨极"和"干极"

1
世界降水量最丰富的地方是印度的乞拉朋齐，被称为"雨极"。

2
世界降水量最少的地方是智利的阿塔卡马沙漠，被称为"干极"。

3
中国的"雨极"是台湾岛东北部的火烧寮，年平均降水量达 6558 毫米。1912 年更创下年降水量 8409 毫米的记录。

4
中国的"干极"是新疆的托克逊，年均降水量仅为 6.3 毫米，为中国最干旱的县城。其中 1968 年全年降水仅 0.5 毫米，成为全国最少降水的记录。

5
托克逊最长连续无降水日数达 350 天，出现在 1979 年 9 月 28 日至 1980 年 9 月 11 日。

背诵打卡

背诵日期：

第1天	第2天	第4天	第7天	第15天	第30天	第90天

6. 世界的气候

气候主要包括气温和降水两个要素。我们可以通过阅读气温的变化曲线与降水量柱状图来识别不同地区的气候特点。

（1）柯本和他的气候分类法

柯本，德国著名的气象、气候学家。

柯本于 1936 年在《气候学手册》中正式公布了气候分类法，即柯本气候分类法。

柯本的气候分类法以植被分布为基础，以气温和降水量为指标。

全球气候分为 5 个主要气候带，即热带气候、干旱气候、温和气候、冬寒气候和极地气候。各气候带又划分为不同的气候类型。

我们所学习的气候类型，就是以柯本气候分类法为基础，并考虑适当成因划分出来的。

背诵打卡

背诵日期：

| 第1天 | 第2天 | 第4天 | 第7天 | 第15天 | 第30天 | 第90天 |

（2）世界主要的气候

虽然世界各地的气候复杂多样，但是它们的分布有一定规律。例如由赤道地区到极地地区，有规律地分布着热带的、亚热带的、温带的和寒带的气候。

▶ 热带的气候大致分布在南、北回归线之间。

▶ 寒带的气候大致分布在南、北极圈内。

▶ 亚热带和温带的气候大致分布在北回归线与北极圈、南回归线与南极圈之间。

（3）影响气候的主要因素

纬度位置：一般说来，纬度低，接受太阳光热多，气温就高；纬度高，接受太阳光热少，气温就低。

海陆位置：一般情况下，距海近，降水多，一日或一年中的气温变化幅度小；距海远，降水少，一日或一年中的气温变化幅度大。

地形：地势高，气温低；地势低，气温高；山地迎风坡多雨，背风坡少雨。

背诵打卡

背诵日期：____

| 第1天 | 第2天 | 第4天 | 第7天 | 第15天 | 第30天 | 第90天 |

7. 热带气候和亚热带气候

（1）热带气候

气候类型	典型降水及温度图示	分布	气候特点
热带雨林气候	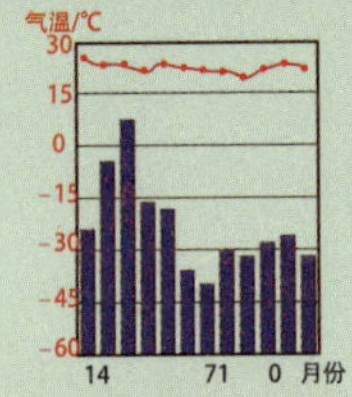 气温/℃	主要分布在赤道附近	全年高温多雨
热带草原气候	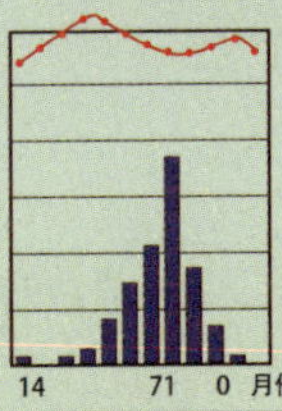	主要分布在热带雨林气候的南北两侧	终年高温，分干湿两季
热带季风气候	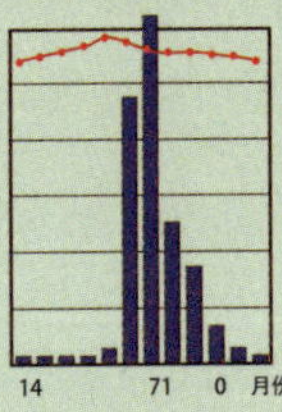	北纬10°－25°之间的大陆东岸（南半球没有热带季风气候）	终年高温，分旱雨两季
热带沙漠气候	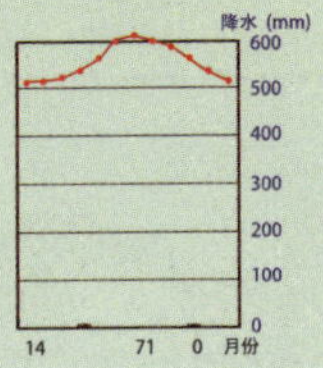 降水 (mm)	南北回归线经过的内陆地区和大陆的西岸	终年炎热干燥

背诵打卡

背诵日期：_____

第1天　第2天　第4天　第7天　第15天　第30天　第90天

（2）亚热带气候

气候类型	图示	分布	气候特点
地中海气候		地中海沿岸地区最广，主要位于南北纬30°－40°之间的大陆西岸	夏季炎热干燥，冬季温和多雨
亚热带季风和湿润气候		主要分布在亚洲大陆东部，南、北纬25°－35°之间的大陆东岸	夏季高温多雨，冬季温和少雨

背诵打卡

背诵日期：_____

第1天　第2天　第4天　第7天　第15天　第30天　第90天

气候类型	图示	分布	气候特点
温带海洋性气候	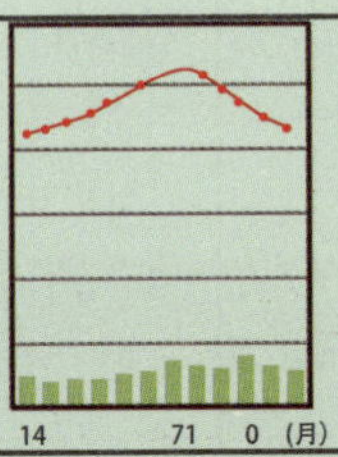	南北纬40°-60°之间的大陆西岸	全年温和湿润
温带季风气候	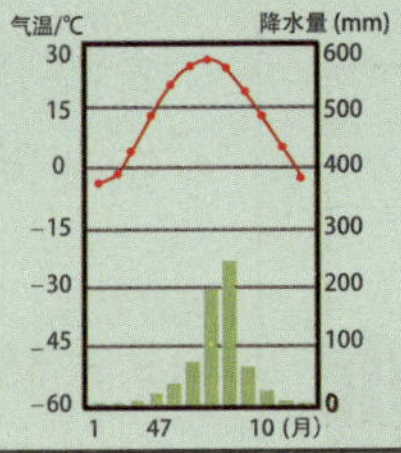	温带地区的亚欧大陆东部	夏季高温多雨,冬季寒冷干燥
温带大陆性气候	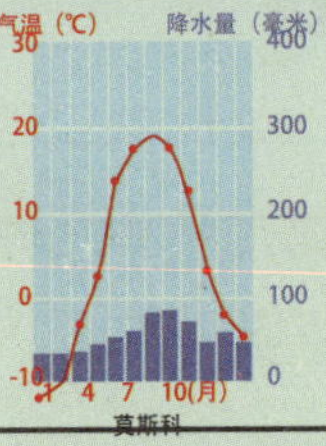	中纬度内陆地区,主要分布在亚欧大陆和北美洲。	冬冷夏热,年温差大,年雨量较少
寒带气候(也叫极地气候)	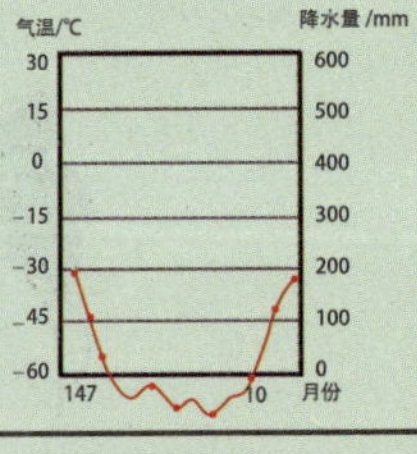	极圈以内以及附近地区	终年酷寒,冰雪覆盖
高原山地气候	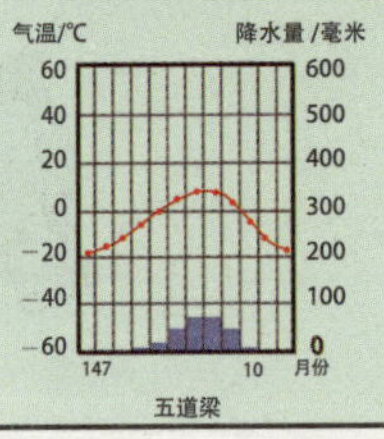	主要分布在中、低纬度的高原、高山地区	全年低温,降水较少;气候垂直变化显著

背诵打卡

背诵日期:____

第1天　第2天　第4天　第7天　第15天　第30天　第90天

记忆卡片

- 1. 天气是一个地区短时间里的大气状况,它是时刻在变化的。气候是一个地区长时间的天气平均状况,一般变化不大。

- 2. 一天中,最高温度出现在午后 2 小时左右(14 时);最低温出现在日出前后。

- 3. 一年中,北半球的陆地最高气温在 7 月,最低气温在 1 月。北半球的海洋最高气温在 8 月,最低气温在 2 月;南半球则相反。

- 4. 气候主要包括气温和降水两个要素。

背诵打卡

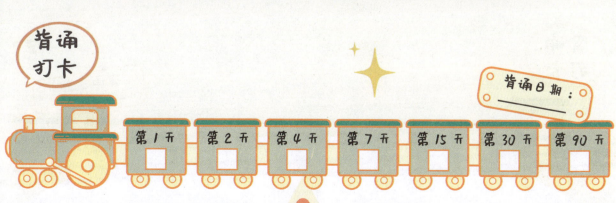

背诵日期:

| 第1天 | 第2天 | 第4天 | 第7天 | 第15天 | 第30天 | 第90天 |

5.世界气温的分布规律

①气温大致从低纬度向高纬度递减。

②同纬度地带，夏季陆地气温高，海洋气温低；冬季陆地气温低，海洋气温高。

③在山地，气温随着海拔升高而降低。

6.世界年降水量分布的基本规律

①赤道地区降水多，两极地区降水少；

②南、北回归线附近，大陆东岸降水多，西岸降水少；

③中纬度地带，沿海地区降水多，内陆地区降水少。

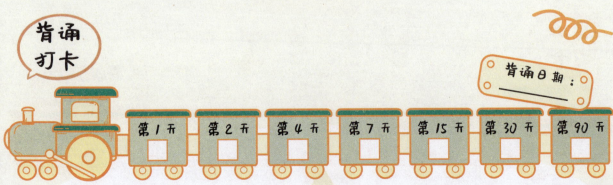

背诵打卡

背诵日期：_____

第1天 第2天 第4天 第7天 第15天 第30天 第90天

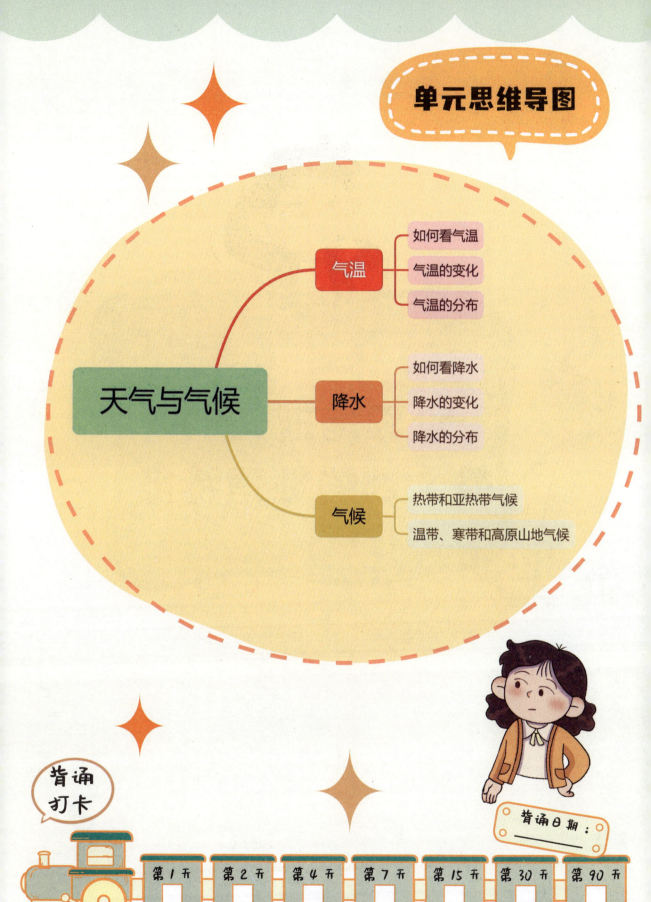

天气与气候

气温
- 如何看气温
- 气温的变化
- 气温的分布

降水
- 如何看降水
- 降水的变化
- 降水的分布

气候
- 热带和亚热带气候
- 温带、寒带和高原山地气候

背诵打卡

背诵日期：_____

第1天　第2天　第4天　第7天　第15天　第30天　第90天

第三单元

世界地理（三）
各大洲的地理特征

1. 亚洲

亚洲是七大洲中面积最大的大洲，也是世界上人口最多的大洲，世界上人口超过1亿的国家，大多数在亚洲。

（1）亚洲在哪里

1 **纬度位置：** 地跨寒、温、热三带，主要位于北温带。

2 **半球位置：** 主要在北半球和东半球。

3 **海陆位置：** 东临太平洋，北临北冰洋，南临印度洋，西与欧洲相连，西南与非洲为邻，东北隔白令海峡与北美洲相望。

（2）亚洲的地形

1 地形以高原、山地为主，平均海拔高。

2 地势中部高、四周低；高原、山地多分布在中部，平原多分布在大陆边缘。

3 地面起伏大，高低悬殊；地球之巅——珠穆朗玛峰，陆地最低点——死海湖面。

背诵打卡

背诵日期：＿＿＿＿＿

第1天	第2天	第4天	第7天	第15天	第30天	第90天

（3）亚洲的气候

除温带海洋性气候和热带草原气候外，其他气候都有分布。其中，温带大陆性气候分布最广，季风气候显著。

（4）亚洲的河流与湖泊

1
由于地势中部高、四周低，亚洲的大多数河流从大陆中间流向四周，呈放射状分布。

2
亚洲最长的河流——长江，是世界第三长；亚洲流经国家最多的河流——湄公河，在中国境内，则称之为澜沧江。

3
世界上面积最大的咸水湖——里海（内陆湖）；世界上最深的淡水湖——贝加尔湖。

背诵打卡

背诵日期：＿＿＿＿＿

第1天	第2天	第4天	第7天	第15天	第30天	第90天

2. 东南亚

(1)位置与范围

位于亚洲的东南部，包括中南半岛和马来群岛两部分。东南亚地处亚洲和大洋洲、印度洋和太平洋之间的"十字路口"。主要国家有越南、缅甸、泰国、老挝、马来西亚、印度尼西亚、菲律宾、柬埔寨、新加坡等。

(2)马六甲海峡

马六甲海峡，位于马来半岛和苏门答腊岛之间，是沟通亚洲和大洋洲、印度洋和太平洋的"咽喉"，是沟通太平洋和印度洋的天然水道，也是联结欧洲、印度洋沿岸港口和太平洋西岸港口的重要航道。

背诵打卡

背诵日期：

| 第1天 | 第2天 | 第4天 | 第7天 | 第15天 | 第30天 | 第90天 |

（3）农业生产

东南亚绝大部分位于热带，主要分布着热带季风气候和热带雨林气候，气候湿热，有利于水稻和热带经济作物的生长。

"世界之最"：泰国是世界最大的天然橡胶生产国，印度尼西亚是世界最大的椰子生产国，菲律宾是世界最大的蕉麻生产国。

（4）富有魅力的旅游资源

缅甸的仰光大金塔、印度尼西亚的巴厘岛、柬埔寨的吴哥窟等，深受世界各国的喜爱。

背诵打卡

背诵日期：_____

| 第1天 | 第2天 | 第4天 | 第7天 | 第15天 | 第30天 | 第90天 |

| | | | | | | |

3. 南亚

南亚位于喜马拉雅山中、西段和印度洋之间，东濒孟加拉湾、西临阿拉伯海。

南亚包括印度、巴基斯坦、孟加拉国、尼泊尔、不丹、斯里兰卡、马尔代夫等七个国家。

印度是佛教、印度教的发源地，印度主要信奉印度教，巴基斯坦以伊斯兰教为国教。

（1）地形与河流

1 南亚自北向南可分为三大地形区

北部为喜马拉雅山脉；中部分布着恒河平原和印度河平原；南部为德干高原；地势南北高、中部低。

2 主要河流

恒河：主要流经印度、孟加拉国，注入孟加拉湾。
印度河：主要流经巴基斯坦，注入阿拉伯海。

（2）南亚的气候

主要气候类型是热带季风气候。一年可分为三季，即雨季（6月—10月）、凉季（11月—次年2月）、热季（3月—5月）。

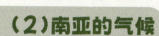

背诵打卡

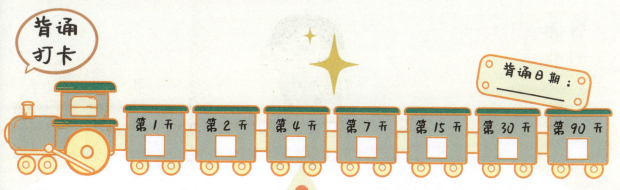

背诵日期：_____

| 第1天 | 第2天 | 第4天 | 第7天 | 第15天 | 第30天 | 第90天 |

4. 欧洲

名字源于希腊神话的人物"欧罗巴"，居民中绝大部分是白种人，是种族构成比较单一的大洲。

(1)欧洲在哪里

1 纬度位置

主要位于北温带，小部分在寒带，无热带。

2 半球位置

全部位于北半球，大部分位于东半球。

3 海陆位置

北临北冰洋，西临大西洋，东与亚洲相连，南隔直布罗陀海峡和地中海与非洲相望。

(2)欧洲的地形

地形以平原为主，是世界上海拔最低的大洲；地面起伏小。

(3)欧洲的气候

没有热带，以温带气候为主；温带海洋性气候和地中海气候分布最典型。

背诵打卡

背诵日期：

| 第1天 | 第2天 | 第4天 | 第7天 | 第15天 | 第30天 | 第90天 |

46

（4）欧洲的河流

1

　　欧洲最长的河流，也是世界上最长的内流河——<mark>伏尔加河</mark>（注入里海）。

2

　　世界上流经国家最多的河流——<mark>多瑙河</mark>。

拓展1

　　欧洲各国按照综合实力可分为三类：

▶ **第一梯队：** 英国、俄罗斯、德国、法国、意大利。

▶ **第二梯队：** 西班牙、土耳其、乌克兰、白俄罗斯、荷兰、比利时、爱尔兰、冰岛、葡萄牙、波兰、保加利亚、希腊、罗马尼亚、丹麦、瑞士、挪威、瑞典、芬兰。

▶ **第三梯队：** 马其顿、阿尔巴尼亚、拉脱维亚、立陶宛、爱沙尼亚、阿塞拜疆、格鲁吉亚、黑山、斯洛文尼亚、克罗地亚、塞尔维亚、波斯尼亚和黑塞哥维那、科索沃（未获得国际普遍承认）、捷克、匈牙利、斯洛伐克、摩尔多瓦、奥地利。

背诵打卡

背诵日期：_____

| 第1天 | 第2天 | 第4天 | 第7天 | 第15天 | 第30天 | 第90天 |

欧盟会旗

　　欧洲联盟，简称欧盟，由欧洲及周边国家组成的欧洲地区规模较大的区域性经济合作的国际组织。

　　创始成员国为法国、德国、意大利、荷兰、比利时、卢森堡6国，经过数十年的发展，已扩张到共有27个成员国入盟。

　　欧盟总部在比利时首都布鲁塞尔。

　　联盟宗旨：建立无内部边界的空间，加强经济社会的协调发展，建立最终实行统一货币（欧元）的经济货币联盟，促进成员国经济社会的均衡发展。

　　这27个成员国中，有19个成员国使用欧元作为货币，例如，法国甚至停止流通了原本的本国货币，而在国境内统一流通欧元。但也有部分国家由于担心本国经济受货币价值影响，而拒绝使用欧元。

　　欧洲虽然有着分散的诸多小面积国家，但欧盟将它们连结在了一起，使它们因经济捆绑了彼此之间的命运。

背诵打卡

背诵日期：＿＿＿＿＿

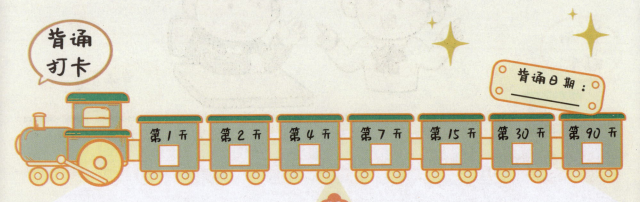

第1天　第2天　第4天　第7天　第15天　第30天　第90天

欧洲西部狭义上指欧洲西部濒临大西洋的地区和附近岛屿，面积约五百万平方千米。

西欧包括英国、爱尔兰、荷兰、比利时、卢森堡、法国和摩纳哥七个国家。

还包括德国、奥地利、瑞士、意大利、西班牙、葡萄牙、挪威、瑞典、丹麦、芬兰、冰岛、马耳他、安道尔、列支敦士登、圣马力诺、梵蒂冈这些欧洲发达资本主义国家。

欧洲西部人口稠密、国家众多，是世界上发达国家最集中的地区。居民多信仰基督教。

西欧人以白色人种为主，主要民族有日耳曼人、凯尔特人、罗曼人、芬兰人、希腊人等。

背诵打卡

背诵日期：＿＿＿＿

第1天	第2天	第4天	第7天	第15天	第30天	第90天

欧洲的经济发展

① 工业

欧洲西部是工业革命的发源地，至今仍是世界上工业最发达的地区之一。其工业生产规模大，部门齐全，综合实力雄厚。

② 畜牧业

欧洲西部的温带海洋性气候区气候适宜，有利于多汁牧草的生长。这里的地形主要是平原，草场遍布，因此畜牧业非常发达。

③ 旅游业

欧洲西部是国际旅游业最发达的地区，旅游业已经成为许多国家国民收入的主要来源。这里旅游资源丰富，如英国的伦敦白金汉宫，法国的凯旋门，埃菲尔铁塔，挪威的峡湾风光，意大利的古罗马斗兽场，荷兰的风车等。

背诵
打卡

背诵日期：_____

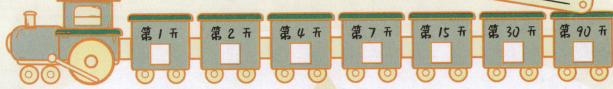

第1天　第2天　第4天　第7天　第15天　第30天　第90天

6. 非洲

非洲有60个国家和地区，是世界上国家和地区数量最多的大洲；也是世界上人口自然增长率最高的大洲。非洲物产丰饶，又被称为"富饶大陆"。

（1）非洲在哪里

①纬度位置

赤道穿过其中部，北回归线穿过北部，南回归线穿过南部，大部分地区位于热带。

②半球位置

跨赤道南北，主要位于东半球。

③海陆位置

非洲东临印度洋，西临大西洋，北隔地中海和直布罗陀海峡与欧洲相望，东北以苏伊士运河为界与亚洲为邻。

背诵打卡

背诵日期：_____

第1天	第2天	第4天	第7天	第15天	第30天	第90天

（2）非洲的地形

1 地形以高原为主，占全洲面积的60%，被称为"高原大陆"。

2 地势东南高，西北低。

（3）"非洲之最"

▶ 非洲最大的半岛——索马里半岛；

▶ 非洲最大的岛屿——马达加斯加岛；

▶ 非洲最高峰——乞力马扎罗山；

▶ 世界上最大的盆地——刚果盆地；

▶ 世界上最大的沙漠——撒哈拉沙漠；

▶ 世界上最长的河流——尼罗河（注入地中海）。

拓展

非洲是人类进化史上从古猿到森林古猿、拉玛古猿、能人、直立人、智人，直到现代人都存在过的大陆。人类学家在非洲发现了最早的"完全形成的人"的化石。这些发现使包括进化论奠基人达尔文在内的人类学家得出了非洲是人类诞生地的结论。

背诵打卡

背诵日期：_____

| 第1天 | 第2天 | 第4天 | 第7天 | 第15天 | 第30天 | 第90天 |

7. 撒哈拉以南非洲

撒哈拉以南非洲，又叫亚撒哈拉地区。

撒哈拉以南的非洲的黑种人占总人口的90%以上，这里被称为"黑种人的故乡"。

(1)著名景点

东非大裂谷　马达加斯加岛　维多利亚瀑布　乞力马扎罗山

(2)气候与农业

撒哈拉以南的非洲大部分地处热带，这里既有广阔的热带雨林，又分布着世界上面积最大的热带草原。

热带草原地区，一年中有明显的干季和湿季之分，这对农业生产产生重大影响，持续干旱使居民经常忍受饥饿的煎熬。

(3)矿产分布

南非
黄金、金刚石

纳米比亚
钻石、铀矿

赞比亚
铜矿

刚果
宝石

赤道几内亚
铝土

尼日利亚
石油

背诵打卡

背诵日期：_____

第1天　第2天　第4天　第7天　第15天　第30天　第90天

(4) 经济发展

1 撒哈拉以南的非洲的矿产资源种类多、储量大。黄金、金刚石产量居世界首位；这里也非常适合热带经济作物的生长，是咖啡、油棕的原产地。

2 长期的殖民统治使许多国家形成了单一商品经济。它们出口初级农矿产品，进口工业制成品，在国际贸易中处于不利的地位。

(5) 人口、粮食和环境问题

1 亚撒哈拉是世界上人口自然增长率最高的地区。

2 解决本区的人口、粮食、环境问题的措施：控制人口过快增长，提高人口素质；减轻自然灾害，保护生态环境；大力发展粮食生产，解决食物短缺问题。

背诵打卡

背诵日期：_____

第1天 第2天 第4天 第7天 第15天 第30天 第90天

撒哈拉以南非洲的水系

尼罗河：发源于东非高原，自南向北流，注入地中海，全长6670千米，是世界最长的河流。

刚果河：发源于南部高原，主要流经刚果盆地，注入大西洋，流量丰富，为世界第二大河，是世界水能资源最丰富的河流。

赞比西河：注入印度洋，上游有世界著名的瀑布维多利亚瀑布（莫西奥图尼亚大瀑布）。

尼日尔河：西非最大的河流，也是非洲第三大河，注入大西洋几内亚湾。

维多利亚湖：非洲最大的湖泊；**坦噶尼喀湖**：非洲最深的湖泊。

背诵打卡

背诵日期：

第1天	第2天	第4天	第7天	第15天	第30天	第90天

8. 中东

地处亚、欧、非三洲交界地带，通常包括亚洲西南部和非洲东北部，位于阿拉伯海、红海、地中海、黑海、里海之间，被称为"三洲五海之地"。

（1）世界石油宝库

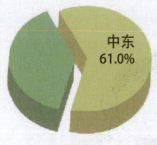

中东
61.0%

储量

中东
30.7%

产量

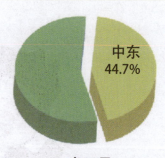

中东
44.7%

出口量

2007 年中东石油储量、产量和出口量占世界的比重

背诵打卡

背诵日期：_____

第1天　第2天　第4天　第7天　第15天　第30天　第90天

1

中东是世界上石油储量最大、产量最高和输出量最多的地区。

2

中东的石油主要分布在波斯湾及其沿岸地区，主要产油国有沙特阿拉伯、阿拉伯联合酋长国等。

3

中东生产的石油绝大部分通过海运销往西欧、美国、东亚等地。

（2）匮乏的水资源

中东主要位于热带沙漠气候区，全年炎热干燥、降水稀少，导致这里沙漠广、河流稀少。

（3）多元的文化

中东是伊斯兰教、基督教和犹太教的发源地。这里的居民主要是阿拉伯人，属于白色人种，大多信仰伊斯兰教。

背诵打卡

背诵日期：

| 第1天 | 第2天 | 第4天 | 第7天 | 第15天 | 第30天 | 第90天 |

9. 美洲

美洲可分为北美洲和南美洲,它们以巴拿马运河为界,又被称为"新大陆",是唯一一个整体在西半球的大洲。美洲拥有大约9.5亿居民,印第安人是这里的原住居民。其中南美洲以混血种人为主,也因此被称为"世界人种大熔炉"。

(1)位置和范围

❶ 地形特点

北美洲的地形可分为三大南北纵列带,西部是高大的山系(科迪勒拉山系,落基山脉),中部是广阔的平原,东部是低缓的山地(阿巴拉契亚山脉)和高原。

❷ 气候特点

北美洲和亚洲一样,跨寒、温、热三带,主要位于北温带,气候类型复杂多样,温带大陆性气候分布最广。

背诵打卡

（2）南美洲

① 地形特点

南美洲西部是安第斯山脉，以东地域广阔，平原和高原相间分布。

② 气候特点

南美洲热带面积广阔，温带面积不大，寒带缺失，以热带雨林气候和热带草原气候为主，是世界上最湿润的大洲。

拓展

美洲之最

最高峰：阿空加瓜山；**最大湖**：苏必利尔湖；

最大平原：亚马孙平原（同时是世界最大平原）；

最大高原：巴西高原（同时是世界最大高原）；

最长山脉：安第斯山脉（同时是世界最长山脉）；

最长河：亚马孙河；**人口最多的国家**：美国。

背诵打卡

背诵日期：＿＿＿＿

第1天	第2天	第4天	第7天	第15天	第30天	第90天
□	□	□	□	□	□	□

10. 极地地区

极地地区分布在地球的南北两端，包括南极地区和北极地区。这里自然环境原始，生物资源丰富。

极地地区的温度很少会升到0℃以上。

两级巨大的冰川形成仿佛覆盖地表的冰盖。这些冰盖的厚度通常超过2.5千米。

（1）位置和范围

1

南极地区主要位于南极圈以南，包括南极洲及其周边的海域。代表动物是企鹅。

2

北极地区主要位于北极圈以北，包括北冰洋的大部分及其周边的亚洲、欧洲、北美洲的部分地区。北极圈穿过的格陵兰岛是世界上最大的岛屿。代表动物是北极熊。

背诵打卡

背诵日期：

第1天	第2天	第4天	第7天	第15天	第30天	第90天

（2）独特的自然环境

1

南极地区是极端寒冷的冰雪世界，是世界上平均海拔最高的大洲，素有"冰雪高原"之称。

2

酷寒、干燥和烈风是南极地区气候特征的真实写照，南极被称为"白色荒漠"和"风库"。

3

北极大部分地区气候不像南极地区那么严寒，这和降水量有关，北极降水量比南极地区高得多。

（3）极地科学考察和环境保护

▶ 极地地区自然环境独特，为科研提供了天然实验室。

▶ 南极地区不仅地下埋藏着丰富的矿产资源，地上还储存着大量的固体淡水资源。

▶ 从1985年起，我国先后在南极大陆建立了长城站、中山站和昆仑站等。

▶ 2004年，中国建立了首个北极科学考察站——黄河站。

背诵打卡

背诵日期：

第1天	第2天	第4天	第7天	第15天	第30天	第90天

记 忆 卡 片

1. 亚洲是七大洲中面积最大的大洲，也是世界上人口最多的大洲，地跨寒、温、热三带，主要位于北温带。

2. 亚洲东临太平洋，北临北冰洋，南临印度洋，西与欧洲相连，西南与非洲为邻，东北隔白令海峡与北美洲相望。

3. 亚洲的地形以高原、山地为主，地势中部高、四周低。

4. 亚洲的气候特点：复杂多样；温带大陆性气候分布最广；季风气候显著。

5. 欧洲的地形平原为主，是世界上海拔最低的大洲；地面起伏小。

6. 欧洲的气候以温带气候为主，其中温带海洋性气候和地中海气候分布最典型。

7. 伏尔加河是欧洲最长的河流，也是世界上最长的内流河。

8. 欧洲由二十余个国家组成了经济共同体——欧盟。

9. 非洲是世界上人口自然增长率最高的大洲。

10. 非洲的中部被赤道穿过，非洲位于南北回归线之间，被称为"热带大陆"。

11. 非洲的地形以高原为主，被称为"高原大陆"。

12. 非洲有着诸如黄金、宝石、钻石等等珍贵的矿产资源。

13. 南美洲以混血种人为主，也因此被称为"世界人种大熔炉"，也是世界上最湿润的大洲。

14. 马六甲海峡，位于马来半岛和苏门答腊岛之间，是沟通亚洲和大洋洲、印度洋和太平洋的"咽喉"。

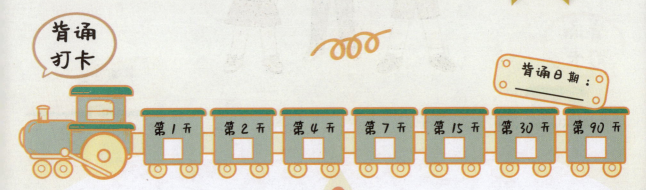

背诵打卡

背诵日期：

| 第1天 | 第2天 | 第4天 | 第7天 | 第15天 | 第30天 | 第90天 |

记忆卡片

15. 中东地处亚、欧、非三洲交界地带，位于阿拉伯海、红海、地中海、黑海、里海之间，被称为"三洲五海之地"。

16. 中东是世界上石油储量最大、产量最高和输出量最多的地区，被称为"世界石油宝库"。

17. 欧洲西部是世界上发达国家最集中的地区，居民以白色人种为主，多信仰基督教。

18. 撒哈拉以南的非洲被称为"黑种人的故乡"。

19. 南极洲是世界平均海拔最高的大洲，素有"冰雪高原""白色荒漠"和"风库"之称。

20. 南极地区代表动物是企鹅，北极地区主代表动物是北极熊。

21. 我国在两级建立的科考站有：南极——长城站、中山站、昆仑站；北极——黄河站。

背诵打卡

背诵日期：＿＿＿＿＿＿

第1天	第2天	第4天	第7天	第15天	第30天	第90天

63

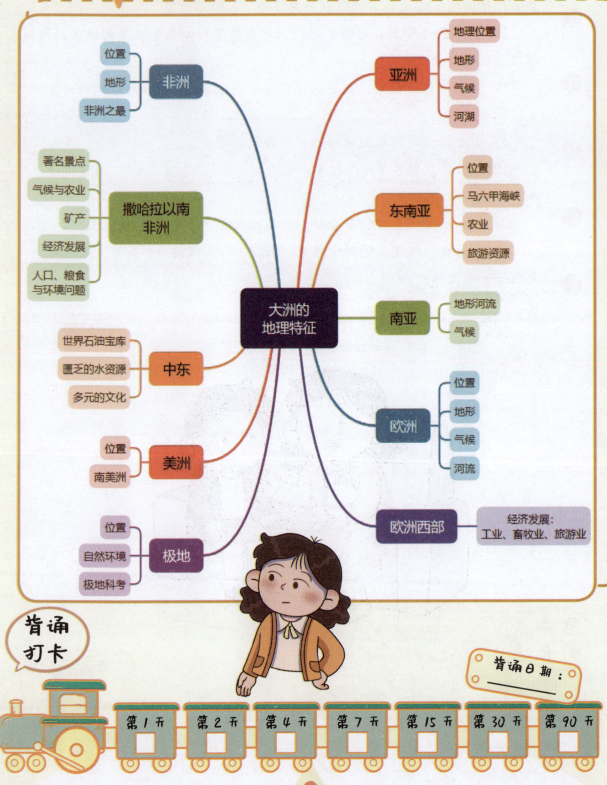

非洲
- 位置
- 地形
- 非洲之最

撒哈拉以南非洲
- 著名景点
- 气候与农业
- 矿产
- 经济发展
- 人口、粮食与环境问题

中东
- 世界石油宝库
- 匮乏的水资源
- 多元的文化

美洲
- 位置
- 南美洲

极地
- 位置
- 自然环境
- 极地科考

大洲的地理特征

亚洲
- 地理位置
- 地形
- 气候
- 河湖

东南亚
- 位置
- 马六甲海峡
- 农业
- 旅游资源

南亚
- 地形河流
- 气候

欧洲
- 位置
- 地形
- 气候
- 河流

欧洲西部
- 经济发展：工业、畜牧业、旅游业

背诵打卡

背诵日期：_____

第1天	第2天	第4天	第7天	第15天	第30天	第90天
□	□	□	□	□	□	□

第四单元

世界地理（四）
世界上的各种国家

1. 日本

日本与我国隔海相望，由北海道、本州、四国、九州4个大岛及其周围的小岛组成，是一个多火山地震的岛国。其首都为东京，面积约37.7万平方千米，人口约1.27亿。

（1）位置

1 半球位置

位于北半球和东半球。

2 海陆位置

位于亚洲东部，太平洋的西北部，西临日本海；海岸线曲折。

（2）地形特点

日本地形多以山地和丘陵为主，约占国土面积的3/4，平原狭小，最高峰是富士山，最大的平原是关东平原。

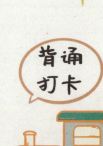

背诵打卡

背诵日期：

第1天　第2天　第4天　第7天　第15天　第30天　第90天

（3）经济发展

① 种植业

日本重视生物技术和水利的发展，精耕细作，科技含量高，农业生产水平高，但耕地面积狭小，农业劳动力不足。主要农产品包括稻米、蔬菜、水果、茶叶等。

② 海洋渔业

渔业资源丰富，北海道渔场是日本的最大渔场。

③ 交通运输业

发展水平高，形成了以海运为主，海陆空密切结合的现代化交通运输体系。

（4）东西方兼容的文化

国花：樱花

象征：富士山（活火山、著名景点）

传统食品：寿司

传统服装：和服

单一民族：大和族

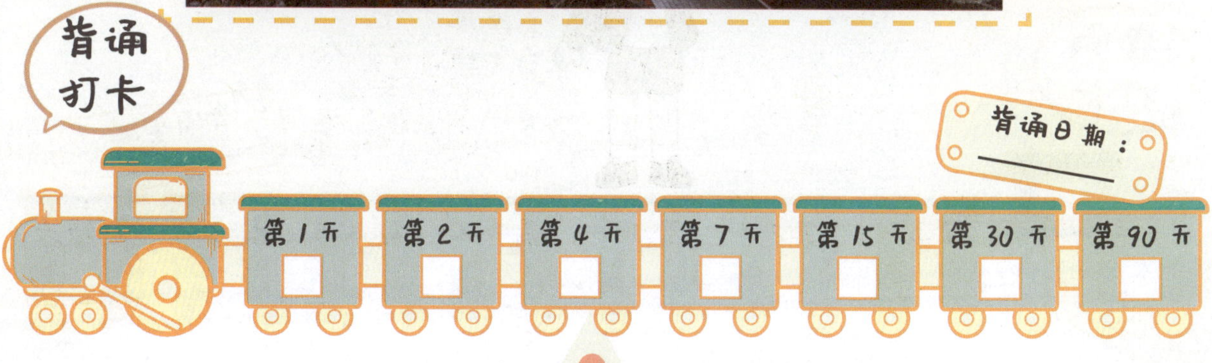

背诵打卡

背诵日期：_____

第1天　第2天　第4天　第7天　第15天　第30天　第90天

67

2. 印度

印度是南亚面积最大、人口最多、经济实力最强的国家。其科技发展水平和军事实力也居南亚首位。首都是新德里，著名旅游景点为泰姬陵，官方语言为英语。

（1）位置

1 海陆位置

位于我国西南部，南临印度洋，东临孟加拉湾，西临阿拉伯海。

2 维度位置

北回归线穿过其北部，大部分位于热带，少部分位于亚热带。

（2）地形与气候

1 地形

北部为喜马拉雅山地，中部为恒河平原，南部为德干高原。

2 气候

以热带季风气候为主，气候特点是全年高温，分旱雨两季。每年雨季为6月—9月，印度盛行西南季风，从海洋吹向陆地，降水丰沛；每年旱季为10月—次年5月，印度盛行东北季风，从陆地吹向海洋，气流干燥，降水少。

印度人口众多，劳动力资源丰富且价格低廉。消费市场广阔，加之信息技术发展早，已成为世界第一大外包服务接包国，同时还是仅次于美国的世界第二大软件大国，被形象地称为"世界办公室"。但也由于人口压力，造成了国内就业困难，环境污染，交通拥挤等问题。

背诵打卡

背诵日期：

第1天　第2天　第4天　第7天　第15天　第30天　第90天

3.法国

▶ 法国，位于欧洲西部，西临大西洋、西北隔拉芒什海峡（英吉利海峡）与英国相望，东南临地中海。

▶ 法国是欧洲面积第三大，也是西欧面积最大的国家。

▶ 国内的一山一河：西欧最高大、为欧洲诸多河流发源地的阿尔卑斯山，以及历史悠久、以两岸风景优美闻名的塞纳河。

▶ 居民主要为法兰西民族，大多信奉天主教，官方语言为法语。首都巴黎，位于巴黎盆地中部，被称为"艺术之都"和"时尚之都"。

▶ 法国历史上诞生过诸如大仲马、雨果、莫泊桑等文学大师，还有雕塑大师罗丹以及莫奈和马蒂斯等印象派、野兽派代表人物。

（1）自然环境

法国轮廓呈六边形，地形以平原和丘陵为主，地势东南高、西北低；西部大西洋沿岸属于温带海洋性气候，向东海洋性减弱（距海洋越来越远），南部属于地中海气候。

背诵打卡

背诵日期：＿＿＿＿＿

第1天　第2天　第4天　第7天　第15天　第30天　第90天

（2）经济发展

法国工业和农业都很发达，服务业地位突出。

1 农业生产水平高，机械化程度高。小麦的出口量居欧洲首位，是世界第二大农产品出口国，也是世界和欧盟第二大葡萄酒生产国。

2 法国是最发达的工业国家之一，在核电、航空、航天和铁路方面都居世界领先地位。

3 交通运输业发达，地中海沿岸的马赛是法国最大的海港城市。

4 旅游业很发达，旅游资源众多，如：埃菲尔铁塔、凯旋门、凡尔赛宫、巴黎圣母院、艺术殿堂——罗浮宫等。

背诵打卡

背诵日期：＿＿＿＿＿

第1天	第2天	第4天	第7天	第15天	第30天	第90天

4. 美国

美利坚合众国，简称美国，首都华盛顿。通用语为英语。北邻加拿大，南临墨西哥，由本土 48 个州和海外州（阿拉斯加州和夏威夷州）组成。

（1）位置

美国地跨北美洲和大洋洲（夏威夷州属于大洋洲），属于北美洲的国家。

美国地跨寒、温、热三带，大部分位于北温带；东临大西洋，西临太平洋，北邻北冰洋，是个三面临海的国家。

背诵打卡

背诵日期：＿＿＿＿

第1天　第2天　第4天　第7天　第15天　第30天　第90天

（2）自然环境

①美国本土地形特征

呈三大南北纵列带分布，西部是高大的山系，中部是广阔的平原，东部是低缓的山地。因此本土的地势特点是东西两侧高，中部低。

②河流与湖泊

有着世界第四长河的密西西比河，水量较大，水流平稳，为灌溉和航运提供了有利条件。

五大湖是世界上最大的淡水湖群，各湖相通，汇入圣劳伦斯河，注入大西洋。苏必利尔湖是世界上最大的淡水湖，密歇根湖是五大湖中唯一完全位于美国境内的湖泊。

（3）经济发展

美国是高度发达的资本主义国家，国内生产总值一直居世界首位。它不仅是世界农业大国，种植业和畜牧业并重，也是世界上最大的农产品出口国。美国自然资源丰富，交通运输业发达，科技力量雄厚，发展工业有许多优势。

背诵打卡

背诵日期：

第1天	第2天	第4天	第7天	第15天	第30天	第90天

5. 澳大利亚

▶ 澳大利亚是个地广人稀的国家，面积居世界第六位，首都是堪培拉。

▶ 澳大利亚的北、西、南三面临印度洋及其边缘海。位于南太平洋和印度洋之间，由澳大利亚大陆、塔斯马尼亚岛和海外领土组成。澳大利亚以白色人种为主，官方语言为英语。

▶ 澳大利亚是南半球经济最发达的国家。

（1）位置

① 半球位置

位于南半球和东半球。

② 纬度位置

地跨热带和南温带，主要位于中低纬度地区。

③ 海陆位置

东临太平洋，西临印度洋，独占一块大陆，是世界上最小的大陆。

背诵打卡

背诵日期：＿＿＿＿

第1天	第2天	第4天	第7天	第15天	第30天	第90天
□	□	□	□	□	□	□

（2）"世界活化石博物馆"

澳大利亚有很多特有生物，如鸣声悦耳的琴鸟、高大的桉树、花似金色绒球的金合欢等。

澳大利亚的三大国宝分别是袋鼠、考拉和鸸鹋。

澳大利亚的特有生物，是在地球演化过程中保留下来的古老生物种类，这使得澳大利亚被称作"世界活化石博物馆"。

（3）"骑在羊背上的国家"

养羊业是澳大利亚的传统畜牧产业，羊毛在 20 世纪 80 年代曾是澳大利亚仅次于小麦的第二大出口农产品。

在澳大利亚，绵羊的数量比当地的人口总数还多，澳大利亚是世界绵羊数量最多的国家。

澳大利亚作为世界上天然草原面积最大的国家，除了养羊，同样也养殖了大量肉牛，是世界第二大牛肉出口国。

背诵打卡

背诵日期：_____

第1天　第2天　第4天　第7天　第15天　第30天　第90天

记忆卡片

1. 日本由北海道、本州、四国、九州4个大岛及周围的小岛组成，是一个多火山地震的岛国。

2. 日本最高峰是富士山（活火山），最大的平原是关东平原。

3. 日本耕地面积狭小，农业劳动力不足，但农业生产力水平高。日本还有着丰富的渔业资源。

4. 印度是南亚面积最大、世界人口最多的国家。

5. 印度是世界第一大外包服务接包国，第二大软件大国，被形象地称为"世界办公室"。

6. 人口众多也给印度带来了巨大的压力，诸如就业困难、环境污染、交通拥堵。

7. 法国小麦出口量居欧洲首位，是世界第二大农产品出口国、第二大葡萄酒生产国。

8. 法国旅游资源众多，如：埃菲尔铁塔、凯旋门、凡尔赛宫、巴黎圣母院、罗浮宫等。

9. 法国诞生了诸如罗丹、莫奈、马蒂斯等艺术大家，法国首都巴黎被誉为艺术之都。

背诵打卡

背诵日期：_____

| 第1天 | 第2天 | 第4天 | 第7天 | 第15天 | 第30天 | 第90天 |

记忆卡片

10. 美国地跨北美洲和大洋洲（夏威夷州属于大洋洲），属于北美洲的国家。

11. 密西西比河是世界第四长河；五大湖是世界上最大的淡水湖群；苏必利尔湖是世界上最大的淡水湖。

12. 澳大利亚有许多特有生物，如琴鸟、桉树、金合欢，以及澳大利亚三宝——袋鼠、考拉、鸸鹋。

13. 澳大利亚被誉为"世界活化石博物馆"和"骑在羊背上的国家"。

单元思维导图

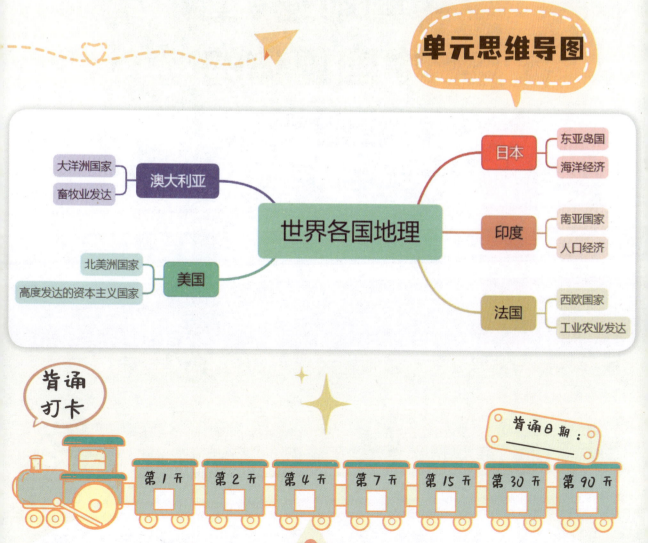

背诵打卡

背诵日期：

第1天　第2天　第4天　第7天　第15天　第30天　第90天

第五单元

中国地理（上）
中国整体的
地理概况

大西洋

太平洋

66.5°N

23.5°N

图中的方框表示亚欧大陆,阴影表示中国。

(1)地理位置

中国位于北半球、东半球。

大部分处于中纬度地区;大部分在北温带,小部分在热带,没有寒带。

中国位于亚欧大陆的东部,太平洋的西岸,是一个海陆兼备的国家。

(2)位置的优越性

▶ 南北跨度大,使南北气候差异大,为发展多种农业经济提供了有利条件。

▶ 广阔的领土造就了我国丰富的旅游资源,如北国冰雪、南国热带风光。

▶ 海陆位置的优越性:东部濒临太平洋,有利于发展海洋事业和对外贸易;西部深入大陆内部,有利于加强与中亚、西亚、欧洲等的联系。

背诵打卡

背诵日期:

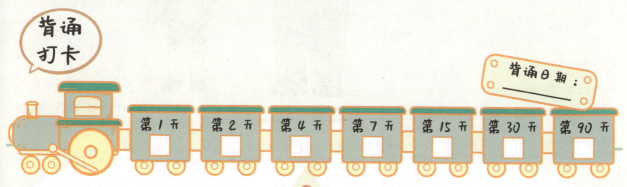

第1天　第2天　第4天　第7天　第15天　第30天　第90天

2. 海陆兼备的大国

我国陆地面积约960万平方千米，差不多与整个欧洲的面积相等，仅次于俄罗斯和加拿大，居世界第三位。

（1）陆上邻国（14个）

朝鲜、俄罗斯、蒙古、哈萨克斯坦、吉尔吉斯斯坦、塔吉克斯坦、阿富汗、巴基斯坦、印度、尼泊尔、不丹、缅甸、老挝、越南。

背诵打卡

背诵日期：＿＿＿＿＿＿

第1天	第2天	第4天	第7天	第15天	第30天	第90天
□	□	□	□	□	□	□

（2）隔海相望的国家（6个）

日本、韩国、菲律宾、马来西亚、文莱、印度尼西亚。

（3）辽阔的海域

濒临的海洋从北向南依次是渤海、黄海、东海和南海；我国的领海范围从领海基线起算，向海上延伸到 12 海里，管辖的海域面积约 300 万平方千米。渤海、琼州海峡是我国的内海。

拓展

南海是我国三大边缘海之一。汉代、南北朝时称为涨海、沸海。清代逐渐改称南海。

南海诸岛共有四组群岛，分别为隶属于广东省的东沙群岛和隶属于海南省的西沙群岛、中沙群岛、南沙群岛。

西沙、南沙、中沙三大群岛共有已命名的岛礁 248 个。

我国于 2012 年撤销西沙群岛、南沙群岛、中沙群岛办事处，建立地级三沙市。

背诵打卡

背诵日期：

第1天	第2天	第4天	第7天	第15天	第30天	第90天

3. 我国的行政区划

（1）三级行政区划

　　我国疆域辽阔，为了方便管理、有利于社会经济发展和民族团结，基本实行省（自治区、直辖市、特别行政区）、县（市、自治县）、乡（镇、民族乡）三级行政区划。

拓展

　　海外领地是一个人文地理上的概念，意指一个国家所拥有、位在国外与本土不相连的领土。境外领土的生成原因与政治地位有很多类别，根据国情的不同，不同国家对其境外领土的分类方式也不全然一致。

　　海外领土与属地这类特殊的行政区划。往往是帝国主义时代殖民风潮的遗留物。

背诵打卡

背诵日期：

第1天	第2天	第4天	第7天	第15天	第30天	第90天

（2）中国省级行政区域之最

省级行政区	名称
面积最大	新疆维吾尔自治区
人口最多	广东省
人口最少	澳门特别行政区
最北端	黑龙江省
最西端	新疆维吾尔自治区
最南端	海南省
最东端	黑龙江省
跨经度最广	内蒙古自治区
跨纬度最广	海南省

背诵打卡

背诵日期：_____

第1天	第2天	第4天	第7天	第15天	第30天	第90天
☐	☐	☐	☐	☐	☐	☐

我国省级行政区域名称的由来

我国省级行政区域的名称是在历史演变过程中形成的。

有的与地理位置有关。例如，山东、山西古时泛指太行山以东、以西的广大地区，河南、河北因分布于黄河南北而得名，湖南、湖北因分布于洞庭湖南北而得名。

有的源于重要地物或地名。例如，黑龙江的省名源于蜿蜒东北边境的黑龙江，浙江的省名源于水量丰富的浙江（现称钱塘江）。

有的是重要地名的简称。例如，广东、广西分别是历史上广南东路、广南西路的简称。

有的是从几个重要的历史地名中各取一字合成。例如，安徽取安庆、徽州的首字组合而成，江苏取江宁、苏州的首字组合而成。

有的表示祈福。例如，辽宁取辽河流域永久安宁之意。

背诵打卡

背诵日期：_____

第1天	第2天	第4天	第7天	第15天	第30天	第90天

4.34 个省级行政区域

我国共有 34 个省级行政单位，包括 23 个省、5 个自治区、4 个直辖市和香港、澳门 2 个特别行政区。

名称	简称	行政中心
北京市	京	北京
天津市	津	天津
河北省	冀	石家庄
山西省	晋	太原
内蒙古自治区	内蒙古	呼和浩特
辽宁省	辽	沈阳
吉林省	吉	长春
黑龙江省	黑	哈尔滨
湖南省	湘	长沙
广东省	粤	广州
广西壮族自治区	桂	南宁
海南省	琼	海口
重庆市	渝	重庆
四川省	川或蜀	成都
贵州省	贵或黔	贵阳
云南省	云或滇	昆明

背诵
打卡

背诵日期：
_____

第1天　第2天　第4天　第7天　第15天　第30天　第90天

名称	简称	行政中心	名称	简称	行政中心
上海市	沪	上海	西藏自治区	藏	拉萨
江苏省	苏	南京	陕西省	陕或秦	西安
浙江省	浙	杭州	甘肃省	甘或陇	兰州
安徽省	皖	合肥	青海省	青	西宁
福建省	闽	福州	宁夏回族自治区	宁	银川
江西省	赣	南昌	新疆维吾尔自治区	新	乌鲁木齐
山东省	鲁	济南	香港特别行政区	港	香港
河南省	豫	郑州	澳门特别行政区	澳	澳门
湖北省	鄂	武汉	台湾省	台	台北

拓展

中华人民共和国于 1997 年 7 月 1 日对香港恢复行使主权，成立了香港特别行政区。

中华人民共和国于 1999 年 12 月 20 日对澳门恢复行使主权，成立了澳门特别行政区。

中国有 5 个自治区：内蒙古自治区、广西壮族自治区、宁夏回族自治区、新疆维吾尔自治区、西藏自治区。

直辖市也叫中央直辖市，由国务院直接管辖，目前中国有 4 个直辖市：北京市、上海市、天津市、重庆市。

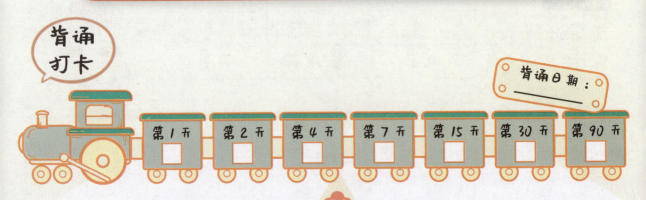

背诵打卡

背诵日期：____

第1天 ☐　第2天 ☐　第4天 ☐　第7天 ☐　第15天 ☐　第30天 ☐　第90天 ☐

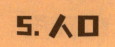

5. 人口

我国是世界上人口第二多的国家，仅次于印度。2020年第七次人口普查统计的数据为 14.11亿。

① **人口特点：** 人口基数大，人口老龄化。

② **人口分布格局：** 东多西少。

③ **人口地理界线：** 黑河（黑龙江省）——腾冲（云南省）。此线为界东南部人口密集，西北部人口稀疏。

背诵打卡

背诵日期：_____

第1天	第2天	第4天	第7天	第15天	第30天	第90天
□	□	□	□	□	□	□

6. 民族

我国共有 56 个民族，其中汉族人口最多，约占全国人口总数的 91%。其他 55 个民族人口较少，称为少数民族。

①民族分布状况

汉族遍布全国，少数民族主要分布在西南、西北和东北地区等地区。

②民族分布的特点

大杂居，小聚居，交错居住。

③主要少数民族的分布

人口最多的少数民族是壮族，主要分布在广西。

人口最少的少数民族是珞巴族，主要分布在西藏。

④民族节日

各民族有独特的风俗习惯、文化艺术和传统的体育活动，如汉族的端午节、傣族的泼水节、蒙古族的那达慕大会、壮族的三月三歌节、彝族的火把节、藏族的雪顿节等。

背诵打卡

背诵日期：_____

第1天　第2天　第4天　第7天　第15天　第30天　第90天

7. 我国的山脉

（1）山脉及其走向

山脉的走向是指山脉总体延伸的方向，主要包括以下 5 个走向：

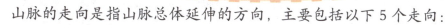

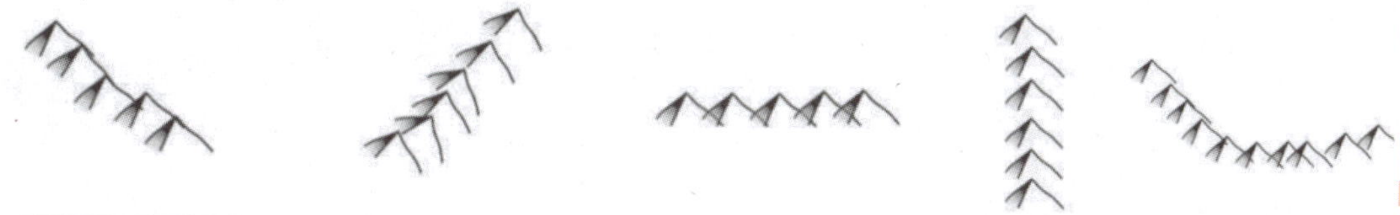

西北—东南走向　　东北—西南走向　　　　东西走向　　　　南北走向　　　弧形山脉

（2）作为重要地形区分界线的山脉

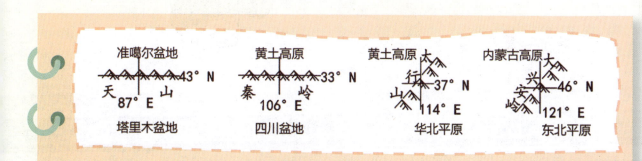

背诵打卡

背诵日期：_____

第1天　第2天　第4天　第7天　第15天　第30天　第90天

B. 高原和平原

（1）四大高原

黄土高原

沟壑纵横、支离破碎。

青藏高原

雪山连绵、冰川广布；世界海拔最高，有"世界屋脊"之称。

云贵高原

地势崎岖，喀斯特地貌广布。

内蒙古高原

一望无际、广阔坦荡。

（2）三大平原

1 东北平原

地势平坦、黑土广布，是我国面积最大的平原。

2 华北平原

又称为黄淮海平原，我国第二大平原。

3 长江中下游平原

地势低平、河网密布，是著名的"鱼米之乡"。

背诵打卡

背诵日期：

第1天　第2天　第4天　第7天　第15天　第30天　第90天

(1)四大盆地

塔里木盆地

我国最大的盆地，中间分布着我国最大的沙漠——塔克拉玛干沙漠、最大的内流河——塔里木河。

准噶尔盆地

我国第二大盆地，也是我国纬度最高的盆地。

柴达木盆地

我国地势最高的盆地，内部多盐矿、有色金属等资源，被称为"聚宝盆"。

四川盆地

分布着肥沃的紫色土，有"紫色盆地"之称；西部有成都平原，物产丰富，被称为"天府之国"。

(2)三大丘陵

我国三大丘陵分别为辽东丘陵、山东丘陵和东南丘陵。其中东南丘陵是我国最大的丘陵群。

拓展

我国陆地海拔最高的地方为珠穆朗玛峰，海拔 8848.86 米，为世界第一高峰。

我国陆地的最低点是位于我国新疆天山山脉南麓的吐鲁番盆地。盆底的艾丁湖洼地低于海平面 154.31 米。

背诵打卡

背诵日期：_____

第1天　第2天　第4天　第7天　第15天　第30天　第90天

10. 气候

（1）我国的气候特征及其影响因素

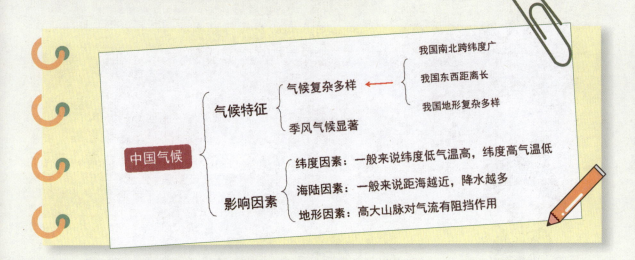

中国气候
- 气候特征
  - 气候复杂多样 ←
    - 我国南北跨纬度广
    - 我国东西距离长
    - 我国地形复杂多样
  - 季风气候显著
- 影响因素
  - 纬度因素：一般来说纬度低气温高，纬度高气温低
  - 海陆因素：一般来说距海越近，降水越多
  - 地形因素：高大山脉对气流有阻挡作用

（2）我国气温分布的总体规律

冬季南北温差大，夏季普遍高温。

（3）我国雨水分配

我国各地降水量的季节分配很不均匀，大部分地区降水集中于夏季。

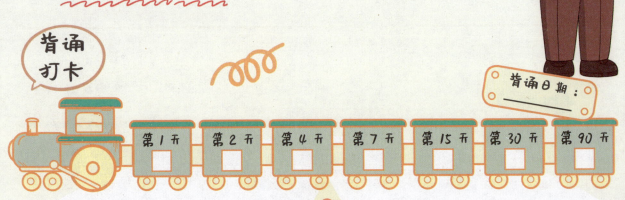

背诵打卡

背诵日期：＿＿＿＿＿

第1天　第2天　第4天　第7天　第15天　第30天　第90天

我国地域辽阔，自然环境复杂多样，自然灾害种类多、分布广。我国是世界上自然灾害发生最为频繁的国家之一。同一时间，往往有很多地区发生自然灾害。

我国主要地质灾害的分布

地址灾害	主要分布地区	危害	应对措施
地震	我国西南、台湾等沿海地区	摧毁房屋、工厂，致使交通中断，造成重大的人员伤亡和财产损失	若条件允许，应及时、有序撤离到安全的空旷地带；若不能及时撤离，可以暂时躲在小开间的墙角，地震停止后向安全地带转移
滑坡、泥石流	我国中西部山区		应向垂直于泥石流流动方向的山坡上跑

背诵打卡

背诵日期：＿＿＿＿＿

第1天	第2天	第4天	第7天	第15天	第30天	第90天

12. 土地资源

我国土地资源丰富，但人均占有量少。土地利用类型齐全，但耕地少，通常情况下难以利用的土地较多，后备耕地资源缺乏。每年的6月25日是我国的"全国土地日"。

（1）土地资源在利用中存在的问题及解决措施

水土流失严重

森林减少

退耕还林、植树造林等

背诵打卡

背诵日期：_____

第1天	第2天	第4天	第7天	第15天	第30天	第90天

土地荒漠化

草场退化

禁止过度放牧，退耕还草

乱占耕地

利用法律、法规保护耕地，提高土地资源的利用率

（2）我国土地资源的基本国策

▶ "十分珍惜、合理利用土地和切实保护耕地"是我国的一项基本国策。

▶ 制定宪法和法规，加强土地资源的管理和保护。

▶ 在农耕区，加强农田基本建设和基本农田保护。

▶ 在牧区，建设人工草场，以保护天然草场。

背诵打卡

背诵日期：

| 第1天 | 第2天 | 第4天 | 第7天 | 第15天 | 第30天 | 第90天 |

13. 水资源

人们通常所说的水资源，指的是可利用的淡水资源。

人类所需的淡水资源仅占全球水量的 2.5%。

目前人们利用的淡水资源，主要是江河湖泊水和浅层地下水，仅占全球淡水资源的 0.3%。

(1) 我国水资源现状

水资源供应相当紧张，缺水状况日益加重。我国水资源总量居世界第六位，但人均值仅有世界人均值的 1/4。

水资源利用率低，浪费惊人。我国农业用水量占总用水量的 60% 以上，但有效利用的水只占农业灌溉用水总量的 1/3 左右。

严重的水污染也降低了水资源的可利用价值，进一步加剧了我国的缺水程度。

背诵打卡

背诵日期：

第1天　第2天　第4天　第7天　第15天　第30天　第90天

96

（2）我国土地资源的基本国策

节约用水、保护水资源是解决我国缺水问题的重要途径之一。

生活中节约用水的方式：

1️⃣ 一水多用，如用淘米水洗菜、养鱼水浇花

2️⃣ 不让水龙头常开，不需要用水时及时关闭水龙头

3️⃣ 建议家人购买使用节水器具

节水标志是由水滴、人手和地球变形而成。绿色的圆代表地球，留白部分像一只手托起一滴水。手是汉语拼音字母 J 和 S 的变形，寓意节水，表示节水需要公众参与，鼓励人们从我做起，人人动手节约每一滴水；手又像一条蜿蜒的河流，象征滴水汇成江河。

背诵打卡

背诵日期：

| 第1天 | 第2天 | 第4天 | 第7天 | 第15天 | 第30天 | 第90天 |

14. 海洋资源

（1）丰富的海洋资源

① 海洋生物资源

我国的海洋生物资源非常丰富，种类有两万余种，其中鱼类就有3000多种。

② 矿产资源

中国海洋石油资源非常丰富，近海石油储量约100多亿吨。

我国海上石油开采主要集中在渤海、东海、南海等海域。

③ 天然气资源

我国天然气资源量估计为14万亿立方米，还有大量的天然气水合物资源，即"可燃冰"。

④ 化学资源

我国海洋化学资源丰富，目前我国开发利用海洋化学资源的主要方式是从海水中提取海盐和钾、镁、溴、碘等化学元素。

背诵打卡

背诵日期：

第1天	第2天	第4天	第7天	第15天	第30天	第90天

（2）海洋资源的保护

①面临的问题

海洋灾害频繁、局部海域环境污染加剧、近海渔业资源衰竭等。

②保护措施

加强海洋环境的保护力度，防止海洋污染，并对海洋资源进行合理开发和综合利用。

拓展

我国领土的最南端为海南省南沙群岛中的曾母暗沙。
曾母盆地即曾母暗沙所在盆地，是油气富集区。
曾母暗沙是中国最靠近马六甲海峡的海区，与马来西亚、文莱、印尼、新加坡等国距离均较近，是个战略要地。

背诵打卡

背诵日期：＿＿＿＿＿

第1天	第2天	第4天	第7天	第15天	第30天	第90天

15. 交通运输

交通运输不仅与我们的生活息息相关，而且对社会经济发展起着极其重要的作用。

人们把交通运输形象地比喻为"经济发展的先行官"。

公路运输、铁路运输、水路运输、航空运输、管道运输是主要的现代交通运输方式。

（1）交通运输方式的比较

运输方式： 航空运输
运输工具： 飞机
运速： 最快
运价： 最高
运量： 最少
适合的运输 贵重、急需、量少等货物运输

运输方式： 铁路运输
运输工具： 火车
运速： 较快
运价： 较低
运量： 较大
适合的运输： 远程、量大货物运输

运输方式： 公路运输
运输工具： 汽车
运速： 较慢
运价： 较高
运量： 较少
适合的运输 短途运输，机动灵活

背诵打卡

背诵日期：

| 第1天 | 第2天 | 第4天 | 第7天 | 第15天 | 第30天 | 第90天 |

运输方式：水路运输
运输工具：船
运速：最慢
运价：最低
运量：最大
适合的运输：远程大宗笨重货物运输

（2）运输方式的选择原则

贵重或急需的货物而数量又不大的一般选航空运输。

运输容易死亡或变质的货物和鲜货以及短途运输可用公路运输。

运送大宗、笨重且不急需的货物以及远距离运输，可选择水路或铁路运输。

运输液体和气体的货物时、优先选择管道运输。

拓展

我国的交通，从建国以来，经过七十余年的发展，经历了从"骑着毛驴上北京"，到"坐上火车去拉萨"，再到 3 万公里高铁基本覆盖 80% 大城市、"复兴号"实现时速 350 公里"贴地飞行"、国产大飞机 C919 一飞冲天的历史跨越。

背诵打卡

背诵日期：

| 第1天 | 第2天 | 第4天 | 第7天 | 第15天 | 第30天 | 第90天 |

记 忆 卡 片

1. 中国位于亚欧大陆的东部，太平洋的西岸，是一个海陆兼备的国家。

2. 我国陆地面积约 960 万平方千米，居世界第三位。

3. 我国基本实行省（自治区、直辖市、特别行政区）、县（市、自治县）、乡（镇、民族乡）三级行政区划。

4. 我国人口基本国策：实行计划生育；

5. 汉族遍布全国，少数民族主要分布在西南、西北和东北地区等地区。

6. 我国民族分布的特点：大杂居，小聚居，交错居住。

7. 我国四大高原为青藏高原、内蒙古高原、黄土高原、云贵高原。

8. 我国四大盆地为塔里木盆地、准噶尔盆地、柴达木盆地、四川盆地。

9. 我国冬季南北温差大，夏季普遍高温。

10. 交通运输形象地比喻为"经济发展的先行官"。

11. 公路运输、铁路运输、水路运输、航空运输、管道运输是主要的现代交通运输方式。

背诵打卡

背诵日期：＿＿＿＿＿＿＿＿

第1天　第2天　第4天　第7天　第15天　第30天　第90天

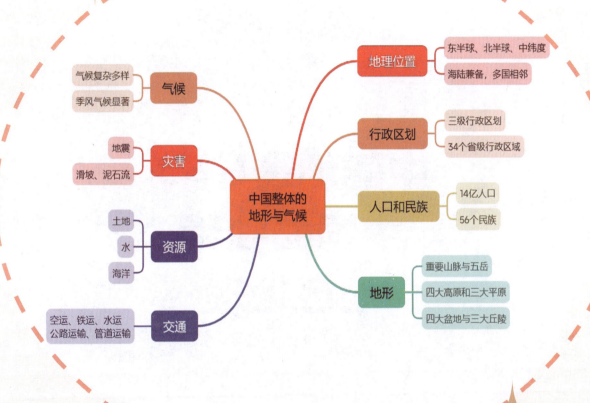

气候复杂多样
季风气候显著
气候

地震
滑坡、泥石流
灾害

土地
水
海洋
资源

空运、铁运、水运
公路运输、管道运输
交通

中国整体的地形与气候

地理位置
东半球、北半球、中纬度
海陆兼备，多国相邻

行政区划
三级行政区划
34个省级行政区域

人口和民族
14亿人口
56个民族

地形
重要山脉与五岳
四大高原和三大平原
四大盆地与三大丘陵

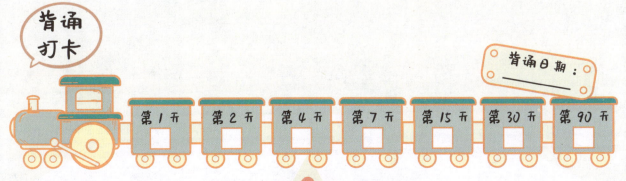

背诵打卡

背诵日期：

第1天　第2天　第4天　第7天　第15天　第30天　第90天

第六单元

中国地理(下)
中国的独特
地区地理

1. 地理差异显著

（1）自然地理差异

①气温差异

自南往北，纬度逐渐升高，气温逐渐降低。

②降水差异

自东南沿海向西北内陆，距海越来越远，降水越来越少。

③地势差异

自西向东，地势呈阶梯状分布，逐级下降。

背诵打卡

背诵日期：

第1天	第2天	第4天	第7天	第15天	第30天	第90天

（2）人文地理差异

①农业生产方式的差异

西牧东耕、南稻北麦。

②人口、城市、交通线的差异

东密西疏。

③经济发展水平的差异

东部高，西部低

④饮食习俗的地区差异

受当地气候、水质等自然条件的影响，苏州人、无锡人、上海人喜欢吃甜；山东、河北以及东北三省的居民口味偏咸；湖南、贵州、四川等地的居民多喜辣；山西人口味偏酸，以能吃醋闻名。

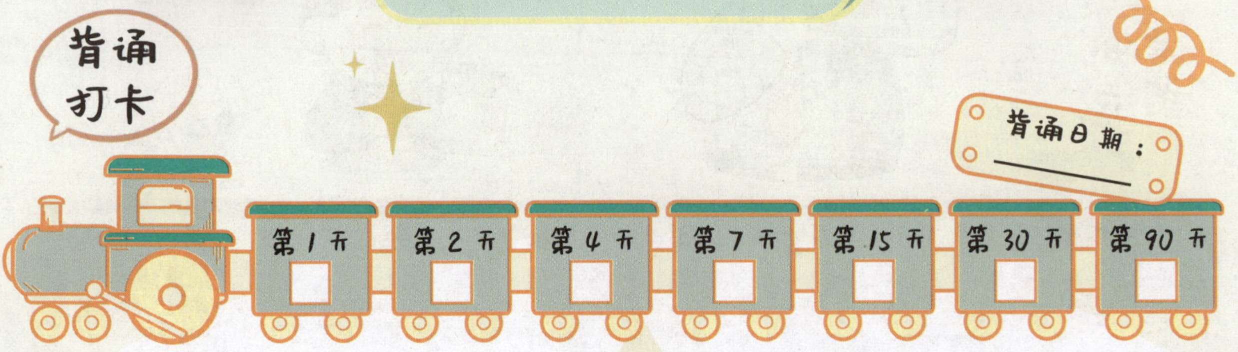

背诵打卡

背诵日期：

第1天　第2天　第4天　第7天　第15天　第30天　第90天

106

2. 四大地理区域

（1）四大地理区域的划分

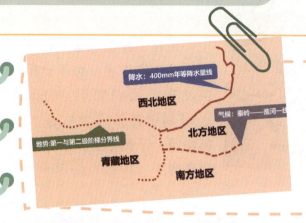

降水：400mm年等降水量线

气候：秦岭——淮河一线

地势：第一与第二级阶梯分界线

西北地区

北方地区

青藏地区

南方地区

根据地理位置、自然地理和人文地理特征，我国分为南方地区、北方地区、西北地区和青藏地区四大地理区域。

（2）四大地理区域的差异

1 北方地区

主要地形：平原、高原

气候：以温带季风气候为主

河流：黄河、黑龙江、松花江

3 西北地区

主要地形：高原和丘陵

气候：以温带大陆性气候为主

河流：塔里木河等

2 南方地区

主要地形：平原、盆地与高原交错分布

气候：以亚热带、热带气候为主

河流：长江、珠江等

4 青藏地区

主要地形：高原和盆地

气候：高山高原气候

河流：雅鲁藏布江等

背诵打卡

背诵日期：____

第1天　第2天　第4天　第7天　第15天　第30天　第90天

3. 东北三省

东北三省包括黑龙江省、吉林省和辽宁省，位于我国的东北部。人们常用"白山黑水""林海高原""北大仓""山环水绕、沃野千里"来形容东北三省。

自然环境

①地形

以山地和平原为主，主要分布在东部的长白山地、中部的东北平原、西部的大兴安岭、北部的小兴安岭。

②重要河流

鸭绿江和图们江（中朝界河）、黑龙江和乌苏里江（中俄界河）、松花江等。

③气候特点

东北三省气候冷湿。由于纬度较高，又紧邻着亚洲北部寒冷的冬季风源地，大部分地区冬季漫长严寒，夏季短促温暖。

背诵打卡

背诵日期：_____

| 第1天 | 第2天 | 第4天 | 第7天 | 第15天 | 第30天 | 第90天 |

4. 黄土高原

黄土高原是世界上最大的黄土堆积区。相传在四五千年前，被尊为华夏始祖的炎黄二帝，在这一带开创了华夏文明的先河。

（1）概况

❶ 名胜古迹

革命圣地延安、黄帝陵、秦始皇陵兵马俑、山西平遥古城等。

❷ 传统文化

窑洞、安塞腰鼓、信天游、秦腔、山西梆子等。

（2）严重的水土流失

长期的水土流失造成了黄土高原地表千沟万壑、支离破碎的自然景观。

自然原因：黄土土质疏松，多孔隙，许多物质易溶于水；地表裸露，缺乏植被保护；夏季降水集中，且多暴雨。

人为原因：长期的过度放牧，导致生态环境恶化；修路、采矿等活动破坏地表；滥砍滥伐。

危害：带走地表肥沃的土壤，破坏农田和村庄；泥沙下泄导致河流含沙量剧增，淤塞下游河床。

背诵打卡

背诵日期：_____

第1天　第2天　第4天　第7天　第15天　第30天　第90天

5. 北京

北京是我国著名的古都和历史文化名城，拥有 3000 多年的建城史和 800 多年的建都史。长城、明清故宫、周口店北京猿人遗址、颐和园、天坛、明十三陵等被列入《世界遗产名录》。

（1）自然环境

1 地形

以平原、山地为主。

2 地势

西北高，东南低。

3 气候

属于温带季风气候，夏季炎热多雨，冬季寒冷干燥。

4 河流

主要有永定河、潮白河和人工运河——京杭运河。

背诵打卡

背诵日期：_____

| 第1天 | 第2天 | 第4天 | 第7天 | 第15天 | 第30天 | 第90天 |

110

（2）北京的城市职能

北京是全国的政治中心、文化中心、科技创新中心和国际交往中心。

①政治中心

人民大会堂是全国人民代表大会常务委员会所在地，中南海是党中央和国务院所在地。

②文化中心

有上百所高等院校、各类科学研究机构、国家图书馆、中央电视台和中央人民广播电台等。

③国际交往中心

有外国大使馆、国际组织代表机构，以及众多的海外企业代表机构。

拓展

北京旧城的城市布局

北京旧城分内城和外城，其格局形成于元、明两代。北京旧城是在元朝的大都城基础上改建完成的。明朝初年缩减了大都城的北城，1553年又在城南加筑了外城，使旧城呈现独特的"凸"字形轮廓。一条南起永定门北至钟鼓楼的长约8千米的中轴线纵贯旧城的南北，紫禁城、皇城、内城和外城的建筑，都沿这条中轴线呈对称分布。

2024年7月27日，联合国教科文组织第46届世界遗产大会通过决议，将北京中轴线列入《世界遗产名录》。

背诵打卡

背诵日期：

第1天	第2天	第4天	第7天	第15天	第30天	第90天

6. 长江三角洲地区

长江三角洲地区位于长江的下游地区。主要包括上海市、江苏省南部、浙江省北部地区。

这里是我国城市分布最密集、经济发展水平最高的地区。

上海是长三角洲地区的核心城市。

（1）地理位置的重要性

沿江沿海港口众多。是我国南北海上航运的中枢，通过远洋航线通往世界的主要港口。

（2）水乡的文化特色与旅游

长江三角洲地区的文化特色

2 世界文化遗产

苏州古典园林、杭州西湖、南京明孝陵

1 水乡风貌

江苏的周庄、同里，浙江的乌镇、西塘等

3 传统文化

戏曲文化、茶文化、丝绸文化和饮食文化等

背诵打卡

背诵日期：_____

第1天　第2天　第4天　第7天　第15天　第30天　第90天

7. 祖国的神圣领土台湾省

（1）台湾是中国神圣不可分割的领土

从地缘关系上看，台湾原是祖国大陆的一部分。几百万年前，由于海陆变迁，与大陆分离，成为岛屿。

从血缘关系上看，台湾居民以汉族为主，祖籍广东、福建。

从行政隶属、文化渊源上看，台湾自古以来就是中国历代王朝的"王土"：台湾和福建等许多居民共同信奉妈祖。

（2）美丽富饶的宝岛

美称	含义
亚洲天然植物园、植物王国	森林面积广且树种繁多（最著名的树种是樟树，特有树种是红桧）
海上米仓	盛产稻米
水果之乡	盛产热带、亚热带水果，香蕉、菠萝驰名中外
兰花之乡	盛产兰花
东方甜岛	盛产甘蔗
东南盐库	海盐产量很高，自古以来就是重要的海盐产地

背诵打卡

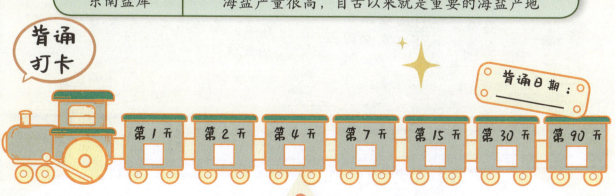

背诵日期：

第1天　第2天　第4天　第7天　第15天　第30天　第90天

8. 成渝地区

（1）位置和范围

范围：包括重庆、成都及其周边地区，面积约 20 万平方千米。

（2）自然环境

①地形

以平原、丘陵和中低山地为主。成都平原由岷江、沱江等河流冲积而成，地势低平，土壤肥沃。

②自然资源

水资源丰富、水能富集；野生动植物资源丰富，是大熊猫的重要栖息地。

（3）经济发展

①农业

成渝地区有"天府之国"之称，是我国粮食主产区之一。粮油、畜禽、水产、果蔬、茶叶、蚕桑、药材及经济林等特色农林产品在全国占有重要地位。

②交通

重庆是长江上游最大的港口、全国重要铁路枢纽和航空中心。
成都交通基础设施完善，是西南地区重要的交通枢纽。

背诵打卡

背诵日期：_____

第1天　第2天　第4天　第7天　第15天　第30天　第90天

9. 青藏地区

神奇的雪域高原,独特的民族风情,令人神往。当我们在青藏地区旅游时,经常能见到被称为"高原之舟"的牦牛。

(1)自然环境

位置	位于我国西南部,横断山脉以西,昆仑山脉—祁连山脉以南,南至国界
地势地形	青藏高原地势高耸,平均海拔在 4000 米以上,是世界最高的高原,有"世界屋脊"之称,其地形特征是"远看是山,近看是川"
河流	青藏高原是长江、黄河、澜沧江、雅鲁藏布江等大江大河的发源地
气候特征	高寒气候,冬寒夏凉,年温差小,日温差大,太阳辐射强烈

(2)人文特色

①饮食
糌粑、牛羊肉、青稞酒和酥油茶

②服饰
藏袍

③居民
牧民居住帐篷,农区和城镇多见平顶碉房

背诵打卡

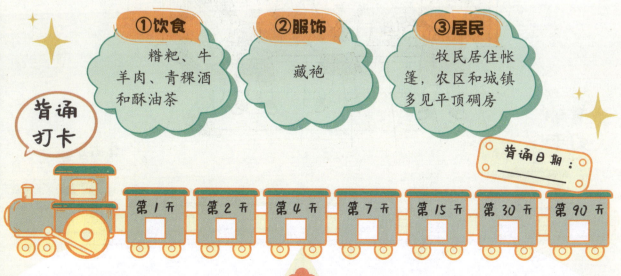

背诵日期:_____

第1天 第2天 第4天 第7天 第15天 第30天 第90天

记 忆 卡 片

1. 我国可分为南方地区、北方地区、西北地区和青藏地区四大地理区域。

2. 东北三省包括黑龙江省、吉林省和辽宁省，常用"白山黑水""林海高原""北大仓""山环水绕、沃野千里"来形容东北，是我国最大的重工业基地。

3. 黄土高原是世界上最大的黄土堆积区，水土流失造成了这里地表的千沟万壑、支离破碎。

4. 北京是全国的政治中心、文化中心和国际交往中心。

5. 长江三角洲地区主要包括上海市、江苏省南部、浙江省北部，是我国城市分布最密集、经济发展水平最高的地区。

6. 长江三角洲城市是中国最大的城市群，上海是这里的核心城市。

7. 台湾省有"东方甜岛""海上米仓""亚洲天然植物园"等别称。

8. 重庆是长江上游最大的港口、全国重要铁路枢纽和航空中心。

9. 牦牛被称为"高原之舟"；"远看是山，近看是川"是青藏高原的地形特征。

背诵打卡

背诵日期：

第1天　第2天　第4天　第7天　第15天　第30天　第90天

116